BusinessVillage

Michael Lorenz

Generation Young

Wie sie denkt. Wie sie arbeitet.

BusinessVillage

Michael Lorenz
Generation Young
Wie sie denkt. Wie sie arbeitet.
1. Auflage 2019
© BusinessVillage GmbH, Göttingen

Bestellnummern
ISBN 978-3-86980-456-9 (Druckausgabe)
ISBN 978-3-86980-457-6 (E-Book, PDF)

Direktbezug unter www.BusinessVillage.de/bl/1070

Bezugs- und Verlagsanschrift
BusinessVillage GmbH
Reinhäuser Landstraße 22
37083 Göttingen
Telefon: +49 (0)5 51 20 99-1 00
Fax: +49 (0)5 51 20 99-1 05
E-Mail: info@businessvillage.de
Web: www.businessvillage.de

Layout und Satz
Sabine Kempke

Illustration auf dem Umschlag
A-Digit, www.istockphoto.com/de

Druck und Bindung
www.booksfactory.de

Inhalt

Über den Autor

Michael Lorenz ist Geschäftsführer der grow.up. Managementberatung in Gummersbach. Als Managementberater, Trainer und Coach berät er nationale und internationale Kunden seit 1988 in Fragen der Strategie, der Personalentwicklung und der Management-Diagnostik.

Schwerpunkte seiner Arbeit liegen in der Projektleitung von Veränderungsprojekten sowie im Aufbau und der Neuausrichtung von Human Resources- und Vertriebsorganisationen. Weitere Schwerpunkte liegen in Trainings und Workshops für Manager und Führungskräfte in den Themenfeldern Management, Führung und Vertrieb und in der Konzeption, Implementierung und Projektleitung bei Personalentwicklungsprojekten.

Michael Lorenz hat über dreißig Jahre Erfahrung in der Konzeption und Durchführung von Management-Audits, Einzel-Assessments für Top-Führungskräfte und Assessment-Centern für den Management-Nachwuchs.

Er hat viele Artikel und Bücher zu den Themenfeldern Management, Führung und Human Resources veröffentlicht.

Kontakt
E-Mail: Lorenz@grow-up.de
Web: www.grow-up.de und blog.grow-up.de

Vorwort

Freunde fragen mich immer mal wieder: Wie macht ihr das eigentlich?
Die Bandbreite vom Kindergärtner bis zum Politiker und das täglich?
»Ach, na ja«, ist dann meist meine Antwort.
Ich glaube, fast alle Führungskräfte erleben mehr oder weniger Ähnliches.

Menschen, die nicht in einer Führungssituation sind oder waren, verstehen Führungskräfte kaum oder nur schwer. Von der Filialleiterposition in der Discounter-Filiale über die Stationsschwester im Krankenhaus bis zum Vorstand im Dax-Konzern: Jede Führungskraft erlebt ab und an Situationen, in denen man entweder am eigenen Geisteszustand oder an dem der Anderen zweifelt.

Manchmal ist es schwierig, wenn man niemanden um sich hat, der in ähnlichen Situationen ist und mit dem man sich austauschen kann. Unter anderem deswegen schreibe ich Bücher.
Dieses hier richtet sich an Menschen aus der Babyboomer-Generation und an Führungskräfte ab etwa Mitte dreißig.
Ich habe mich zu diesem Buch entschlossen, weil ich irgendwann merkte, dass sich Führungskräfte im Umgang mit jungen Menschen nachwachsender Generationen manchmal etwas schwer tun.

Während sie in ihrer Rolle als Eltern bei ihren eigenen Kindern noch mehr oder weniger entspannt sind, hadern sie, wenn sie als Projektleiter, Führungskräfte oder Arbeitgeber mit eben diesen jungen Menschen in Kontakt kommen.

In Coachings, Trainings, Workshops, in Telefonaten und Gesprächen kommen die Frustrationen dann aber stellenweise doch sehr deutlich zum Vorschein.

Ich bin überzeugt, dass auch mit den aktuellen Generationen von jungen Menschen nicht der Untergang des Abendlandes bevorsteht, sondern sie, wie alle Generationen vorher, ihren Weg und ihre Lösungen für die sich ihnen stellenden Probleme finden müssen und werden.

Fast alle Thesen, die sie in diesem Buch lesen, beziehen sich nicht auf einzelne Menschen. Die individuellen Unterschiede zwischen Menschen sind gigantisch und die Einteilung in verschiedene Generationen suggeriert eine Homogenität, die in der Realität so nicht existent ist.

Ich will Ihnen an Beispielen aufzeigen, was sich und warum sich etwas im Umgang der Generationen untereinander ändert und was das für die Integration junger Generationen in das heutige und zukünftige Arbeitsleben bedeutet.

Möglicherweise erscheint Ihnen schon die Notwendigkeit eines solchen Buchs befremdlich. Warum sollte man sich als erfahrene Führungskraft damit beschäftigen, was jüngere Menschen von Unternehmen erwarten, wie sie geführt werden wollen und welche Schwierigkeiten sie in ihrer Rolle und Situation haben?

Früher einmal wurden in Bewerbungs- und Mitarbeitergesprächen die Vorstellungen des Unternehmens oder der Führungskraft formuliert – das war's. Die Bewerber oder Mitarbeitenden durften dann überlegen, ob und wie sie diesen Anforderungen genügen wollten.

Diese Zeiten sind vorbei.

Ich will Ihnen, als ältere und erfahrenere Leserinnen und Leser über Mitte dreißig (ja, Sie haben richtig gelesen, Sie entstammen schon einer im Durchschnitt wesentlich anderen Sozialisierung) helfen, Abstand und Ruhe zu bewahren und nicht unentwegt zu denken: Was stimmt nur nicht mit mir?

Wenn Sie als jüngere Leserin oder als jüngerer Leser, unter circa fünfunddreißig Jahren, beabsichtigen, sich durch dieses Buch zu quälen: Tun Sie es nicht! Sie werden vieles nicht gut nachvollziehen können.

Die Beispiele kennen Sie nicht und die Dinge, die älteren Menschen bei jungen Menschen Ihrer Generation total strange erscheinen, sind für Ihr Empfinden völlig normal.

Tun sie sich die War-Storys nicht an. Sie finden sie nicht lustig.

Wichtig aber für alle beteiligten Seiten: Alles ist in Ordnung.

Die einen sind eben jünger und die anderen eben nur älter. In einer anderen Zeit aufgewachsen. Anders sozialisiert. Sie haben andere Werte. Sie wuchsen unter anderen Bedingungen auf.

Weg mit den an manchen Stellen aufkeimenden Empfindungen, dass es schlimm sei.

Es ist nicht schlimm.
Nur anders.
Lernen wir, miteinander zu arbeiten.

Gummersbach, im Frühjahr 2019

1.
Erste Beobachtungen

»Es ist etwas faul im Staate Dänemark.«

Marcellus in Hamlet, William Shakespeare (1564–1616), englischer Dramatiker

Zum ersten Mal dachte ich vor fünfzehn Jahren, dass etwas Bemerkenswertes mit jungen Menschen vorgeht.
Ich besuchte eine alte Schulfreundin, die ich sehr lange nicht gesehen hatte. Ihre beiden Söhne – einer damals im Abiturientenalter mit etwa achtzehn, der andere etwas jünger, etwa sechzehn Jahre alt – kannten mich nicht und sahen mich zum ersten Mal.

Der ältere der beiden wollte just zu dieser Zeit in den Urlaub fahren. Allein, es fehlte das Geld. Als er vor meinem Besuch hörte, ich sei Pilot und habe sogar ein eigenes Flugzeug, fragte er allen Ernstes seine Mutter, ob ich ihm nicht das Geld für seinen Urlaub schenken könne. Geld war etwas für ihn, das man geschenkt bekommt. Von Eltern, Tanten, Omas. Nichts, wofür man etwas tun muss, um es zu bekommen. Diese innere Kopplung ist ihm nicht in den Sinn gekommen.

Eine andere Geschichte: Ein Vater der Babyboomer-Generation
»Mein Sohn hat, als er noch bei uns wohnte, geglaubt, dass hinten am Kühlschrank eine Klappe ist. Er hat immer gedacht, der Kühlschrank würde von hinten befüllt. Er hatte nie darüber nachgedacht, dass jemand etwas dafür tun müsse. Dass das Geld verdient werden muss und meine Frau oder ich einkaufen gehen müssen.«

Er ist jetzt Student und lebt in Aachen. Neulich sagte er mir: »Lebensmittel sind aber ganz schön teuer«. Ich fragte ihn, was er denn so einkaufe. Er berichtete mir von qualitativ hochwertigen Lebensmitteln, wo immer es ging in Bio-Qualität. Dem Vater wurde schnell klar: Das ist teuer. So weit, so gut. Welche Qualität von Lebensmitteln sein Sohn einkauft, ist schließlich seine Entscheidung.

Als ihm dann sein Sohn aber berichtete, dass er jetzt entdeckt habe, dass man sich das Essen von REWE auch liefern lassen könne, fragte er sich, ob mit der Einstellung seines Sohnes alles in Ordnung sei.

Sich als Student von einem anderen Studenten das Essen liefern zu lassen, wäre dem Vater in seiner Studentenzeit und auch danach nicht annähernd in den Sinn gekommen. Es hätte sich für ihn merkwürdig angefühlt. Nicht nur, den anderen Studenten zu beschäftigen, sondern auch, die eigene Zeit und Bequemlichkeit als Student als so werthaft einzuschätzen, dass man sich das Essen lieber liefern lässt.

1.1 Work hard

»Jubilate heißt jeder Tag, auf dem der Arbeit Segen lag.«

Otto J. Bierbaum (1865–1910), deutscher Journalist, Redakteur und Schriftsteller

Menschen der Babyboomer-Generation sind meist unter völlig anderen Prämissen aufgewachsen.
Als ich eingeschult wurde, bestand die durchschnittliche deutsche Grundschule aus vier bis fünf Klassen à fünfunddreißig bis vierzig Kindern.
Ein Kind konnte über Leistung auffallen (am besten in Sport und/oder Mathe) und aus der Masse herausstechen oder wurde wenigstens Klassenclown. Irgendwie musste man sich ja hervortun.

Circa zwei bis drei Prozent der Kinder gingen nach der Grundschule auf das Gymnasium. Heute sind es je nach Bundesland 20 bis 40 Prozent der Kinder.
Kinder sind heute nicht intelligenter oder lernfähiger als früher. Intelligenz oder Problemlösefähigkeit von Menschen ändert sich in evolutionären, nicht in geschichtlichen Zeiträumen.
Aber das Leben ist einfacher geworden. Viel einfacher. Und es gibt viel weniger regulierende Filter.

Als ich mit vierzehn meiner Mutter den Wunsch nach einer ersten HiFi-Anlage mitteilte, war ihre einfache und abschließende Antwort: »Viel Spaß bei der Ferienarbeit«.

Kaum drei Wochen später – gleich zu Beginn der Sommerferien – fand ich mich in einem Remscheider Betrieb für elektrisch isoliertes Werkzeug wieder. Vor mir ein gigantischer, haushoher Berg von mit Plastiküberzug isolierten Schraubenschlüsseln. Die kurze Anleitung war: »Hier ist das Teppichmesser. Ist was schief gegangen beim Isolieren. Muss abgemacht werden. Fang gleich an und sag, wenn du fertig bist.«

Das war der erste Kontakt mit der Arbeitswelt. Dutzende Jobs und Ferienarbeiten folgten. Bei keiner der Arbeiten gab es Feedback.
Niemand hat je gefragt: »Wie geht es dir?«, »Hast du Freude am Garten- und Landschaftsbau?«, »Magst du den ganzen Tag Steckdosen sandstrahlen?«

Die gute Nachricht: Ich lernte auf sehr deutliche und einprägsame Art, dass es sehr unterschiedliche Menschen im Arbeitsleben gibt und Gespräche in den Pausen nicht so komplex und mehrschichtig wie in meinem Bildungsbürger-Elternhaus sein mussten und konnten.

Die Menschen mit denen ich arbeitete, erschienen mir aber alle ganz okay und überwiegend nicht unzufrieden. Es wurde eigentlich wenig über den Job gesprochen und ich kann mich an intensiveres Gemecker nicht wirklich erinnern. Solange das Essen und das Wetter in Ordnung waren und das jeweilige Tages-Modell in der *BILD-Zeitung* große Brüste hatte (damals gab es noch ein Pin-up-Girl), war der Tag im Lack.

Mit siebzehn Jahren hatte ich 1980 eine relativ geklärte Vorstellung, was ich vom (damaligen) Berufsleben erwarten konnte und was nicht.

1.2 Das Gejammer über die Jugend gibt es seit Beginn der Menschheit

Hier ein paar aktuelle Zitate:

»Die Jugend liebt heute den Luxus. Sie hat schlechte Manieren, verachtet die Autorität, hat keinen Respekt mehr vor älteren Leuten und diskutiert, wo sie arbeiten sollte. Die Jugend steht nicht mehr auf, wenn Ältere das Zimmer betreten. Sie widersprechen ihren Eltern und tyrannisieren die Lehrer«.

Sokrates (470–399 v. Chr.), griechischer Philosoph

»Ich habe überhaupt keine Hoffnung mehr in die Zukunft unseres Landes, wenn einmal unsere Jugend die Männer von morgen stellt. Unsere Jugend ist unerträglich, unverantwortlich und entsetzlich anzusehen.«

Aristoteles (384–322 v. Chr.), griechischer Philosoph

»Unsere Jugend ist heruntergekommen und zuchtlos. Die jungen Leute hören nicht mehr auf ihre Eltern. Das Ende der Welt ist nahe.«

aus einem Keilschrifttext aus Ur um 2000 v. Chr.

Es gab also zu allen Zeiten das Klagen älterer Generationen über die nachfolgenden.

Ich glaube, das sind die ganz normalen Effekte der Unterschiede zwischen Älteren und Jüngeren.

Was jedoch nur wenigen Generationen seit Beginn der uns bekannten Geschichte gegeben ist, ist es, erleben zu dürfen, wie sich Gesellschaften mehrerer Generationenfolgen hintereinander ohne gravierende kriegerische Auseinandersetzung entwickeln.

Es ging nach dem Zweiten Weltkrieg immer nur aufwärts. Der Wohlstand mehrte sich und es ist und war immer von allem da. Das führt zu interessanten Themen in den Familien von Heranwachsenden:

Auf die Frage: »Du machst ja bald dein Abitur, was willst du denn danach machen?«, reagiert mal der angesprochene Jugendliche, mal einer der beiden oder beide Elternteile gereizt. Dabei ist Orientierungslosigkeit in der Jugend ganz normal.

Auf die Frage: »Wie geht's deinem Sohn?«, kommt von einem Freund Anfang fünfzig die Antwort: »Gut. Er hängt rum und spielt tagelang Spiele, bei denen er Trolle verhaut.« Ganz normal. Heutzutage eben oft etwas später als in der Pubertät und dafür gerne auch etwas länger.

»Und, was machst du nun nach dem Abi?«
»Irgendwas Soziales. In Afrika.«
»Und? Schon einen Platz?«
»Nee, ich war am Freitag bei der Stadt wegen der Impf-Bescheinigung. Die waren aber um 14 Uhr nicht mehr da.«

Ach was, tatsächlich.

Bei allen Themen, die wir nachfolgend aufzeigen, erscheint mir wichtig festzuhalten: Jugendliche in unseren Wohlstandsländern haben im Durchschnitt viel mehr Möglichkeiten der Selbstverwirklichung als jede Generation vor Ihnen.

Der Mehrheit der Heranwachsenden geht es sehr gut. Viele schauen positiv in die Zukunft und arbeiten daran, sich und ihre Biografie zu entfalten.

2.
Einflussfaktor Erziehung und Elternhaus

2.1 Sollten sie – was wir nicht glauben – tatsächlich verkorkst sein, dann sind sie es sicher nicht selbst, sondern die Umwelt und die Generation ihrer Eltern, die sie verkorkst

Das ist kein Vorwurf und keine Anklage. Die stehen mir gar nicht zu. Es sind Beobachtungen. Über schwieriger werdende Konsequenzen und weicher werdende Erziehungsmethoden.

Eine Freundin zu ihrer heranwachsenden Tochter: »Heute Nachmittag ist Hasenstall ausmisten angesagt.«
Tochter: »Warum sollte ich das tun?«
Mutter: »Weil ich gleich dein repariertes Handy mit dem neuen Deckglas abhole – oder eben auch nicht. Dann schaffe ich es aber erst nach dem Urlaub.«

Klappt. Hasenstall wird ausgemistet.

Die Mutter: »Als ich selbst in meiner jungen Erwachsenenzeit die Erziehungsversuche von manchen Eltern gesehen habe, dachte ich mir: Das machst du später ganz anders. Ist aber nicht so einfach mit der Konsequenz, wenn man die Kinder nicht nur vierzehn Tage wie im Ferienlager, sondern ein ganzes Leben um sich hat. Da muss man sich auf bestimme Themen beschränken, in denen man sehr konsequent ist. Und bei anderen sagt man sich: Egal, lass laufen. Sie werden ihre Erfahrungen machen.«

»Hier oben war ich seit Jahren nicht!«, sagt mir der Vater bei der Besichtigung der oberen Etage seiner gemeinsam mit seinen beiden Töchtern im Abitur-Alter bewohnten Doppelhaushälfte. »Ich habe es irgendwann abgelehnt, mir dieses Durcheinander aus Klamotten, Zeitschriften, Essensresten et cetera geben zu müssen. Nur, wenn der Kaminkehrer kommt, gehe ich hier hoch.«

Ich mag keinen
Obstsalat. Ich kann es
nicht ertragen, wenn
sich die Früchte
berühren.

Akademikerin, sechsundzwanzig Jahre

Okay. Scheidungskinder. Schlechtes Gewissen. Sanftheit, Nachgiebigkeit. Irgendwann tanzen Sie einem auf der Nase rum. Dann hilft nur noch ertragen und/oder ausblenden. Oder warten, bis sie ausziehen.

Eine Mitarbeiterin – dreiundzwanzig Jahre – bringt sich ihre eigene Kapsel-Kaffeemaschine mit ins Büro. Es gibt im Büro zwei vollautomatische Kaffeemaschinen, die kostenfrei Kaffee aus guten italienischen Bohnen brühen. Nicht gut genug – es muss der aluminiumverpackte Wegwerfwahnsinn zum Kilopreis von 50 Euro sein. Von sich selbst würde sie allerdings behaupten, sie lebe in einem guten Rahmen ökologisch.

2.2 Die Jugendphase dauert immer länger

Im Beitrag *Eine Gesellschaft ohne Generationenkonflikt?* aus der Reihe *Aus Kultur- und Sozialwissenschaften* vom 16. August 2018, 20:45 Uhr ausgestrahlt im *DLF*, sagt die Autorin Doris Arp, dass sich die Jugendphase in der Gesellschaft verlängert. Von früher circa achtzehn Jahren auf heute circa siebenundzwanzig Jahre. Soziologen sprechen von Emerging Aduldhood. Auf deutsch: Menschen werden in unseren westlichen Wohlstandsgesellschaften immer später erwachsen. Die Frauen mit etwa Anfang dreißig und die Männer mit etwa Mitte dreißig. Die Soziologen sagen: nach der Geburt ihres ersten Kindes. Wenn sie feststellen, dass etwas Irreversibles, zwangsläufig zu Bekümmerndes, eingetreten ist.

Das sind dann genau die Momente, wenn die jung gebliebene Oma und der fitte, durchtrainierte Opa vor Freude lächelnd und glückselig in ihrem Wohnmobil wieder abhauen und die junge Familie ihrem eigenen Schicksal überlassen. Hinten ist dann womöglich noch der Spruch aufgeklebt: Wir verfahren unsere Rente selbst.

»Studien zeigen, dass das gemeinsame Leben im Elternhaus nicht heißt, dass man sich in allen Dingen einig ist, sondern heute sind beide Parteien tolerant, sie akzeptieren unterschiedliche Lebensstile, sogar unterschiedliche Werte, die unterschiedliche Wahl von Parteien, unterschiedliche Formen der Kleidung, des Umgangs, des Sexuallebens, das geht sehr weit. Und deswegen darf man das nicht mit früheren Zeiten vergleichen«, sagt der Bildungs- und Jugendforscher Klaus Hurrelmann im Deutschlandfunk-Beitrag von Georg Gruber zum Thema: *Die Sehnsucht nach der ewigen Jugend. Warum erwachsen werden?*

Manche Jugendliche verweigern allerdings das Erwachsenwerden geradezu.

Dazu der Psychotherapeut Holger Selge in einem Beitrag von Georg Gruber: »... bei den Patienten, die wir behandeln, gibt es so einen Trend, ich würde es mal als Vermeidung von Verantwortung beschreiben, so ein Festhalten, manchmal ein geradezu militantes Festhalten an der Kindposition. Dann begegnen sie vier-, fünf-, sechsundzwanzigjährigen Menschen, die ganz inbrünstig von ihrer Mama oder ihrem Papa sprechen. Ich bin jetzt Mitte fünfzig, und das wäre mir früher, in dem Alter, nicht mehr über die Lippen gekommen, also da gibt es eine ganz seltsame Identifizierung. Ich habe das mal als Idealisierung der Position der Unschuld beschrieben.«

Die Versuche, in der kindlichen Unschuld zu verharren, also harmlos und kindlich bleiben zu wollen, zeigen – von außen betrachtet – inzwischen manchmal sogar regressive, selbstschädigende Züge.

Psychologisch kann solch ein Verhalten vielleicht auch als autoaggressiv beschrieben werden, ähnlich manche Formen der Anorexie. Während der Jugendprotest früher auch häufiger nach außen gerichtete aggressive Züge hatte (mir fallen da einige James Dean-, Horst Buchholz- und Manfred Krüger-Filme ein), verinnerlicht er heute in Anbetracht der immer höheren und schneller wechselnden Anforderungen.

2.3 Eltern von heute sind nicht uncool

»Früher gab es Rock and Roll gegen die Eltern. Heute mit den Eltern.«

Radiosprecherin *WDR 2*

Einer meiner Freunde renoviert gerade sein Haus und zieht ins Altenteil in die obere Etage. Ins Erdgeschoß zieht sein ältester Sohn mit seiner Frau. Seine beiden anderen Kinder leben auch noch im Haus.

Was heute nach Familienidyll aussieht, hätte damals nicht nur mich in den Wahnsinn getrieben – mit vierzehn war ich fertig mit meinen Eltern. Die waren schlicht doof. Und – alle Menschen meines Alters, die ich kannte, fanden ihre Eltern auch doof. So wollte man nie, nie, nie und auf keinen Fall werden.

Mit meinen Eltern unter einem Dach zu leben, war schon mit vierzehn unerträglich. Mit 17 ½ wurde ich von meiner Mutter aktiv und endgültig dazu bewegt, auszuziehen.

Aber Eltern heute sind anders.
Sie sind cool.
Sie leben cool.
Sie ziehen sich cool an.
Sie hören coole Musik.
Sie machen coole Urlaube.
Sie sind nicht doof.

Wovon um alles in der Welt will man sich da noch abgrenzen?

Begeistert erzählt der Seminarteilnehmer, dass seine sieben- und neunundzwanzigjährigen Kinder seit einigen Jahren wieder gerne mit in den Familienurlaub fahren. Und es dann immer sooo nett sei. Wie viele Eltern heute, verstehen auch sie sich als Partner und Freunde.

Der alternative Aufbruch der Siebzigerjahre bescherte uns eben nicht nur lang erinnerbare Bilder von grün-alternativen Menschen in Latzhosen und Opa-Hemden bei Anti-Atomkraft-Demos im Wendland, sondern wirkt auch noch über die Veränderung der Beziehungen zwischen den Generationen lange nach. Die liberalen und anti-autoritären Erziehungsmethoden von damals führten auf direktem Wege zu einem heute deutlich partnerschaftlicherem Umgang zwischen Eltern und Kindern.

Aber manche Experten warnen auch: Alle Jugendstudien der letzten Jahre berichten über eine zunehmend angepasste Generation. »Eltern und Kinder verstehen sich heute zu gut«, sagt der Soziologe Holger Salge in der zitierten *DLF*-Sendung.

Die letzte Shell-Studie im Jahr 2015 versah die Jugendlichen mit dem Label pragmatisch-angepasst. Natürlich sind solche Etikettierungen immer sehr verallgemeinernd. Die individuellen Unterschiede zwischen einzelnen Jugendlichen sind viel größer als die Unterschiede zwischen den soziologischen Generationsmerkmalen. Aber auch der im Jahr 2017 vorgestellte 15. Kinder- und Jugendbericht im Auftrag der Bundesregierung sorgt sich über ein Verschwinden der Jugend.

Vom Druck zur biografischen Selbstoptimierung ist dort bereits bei Jugendlichen die Rede — und immer wieder davon, dass derzeit niemand mehr weiß, was Jugend angesichts von Ganztagsschule, G8-Abitur und Praktika eigentlich noch bedeutet.

Die Jugend ist aber eine dynamische Kraft in einer Gesellschaft. Für Sigmund Freud war der Gegensatz der Generationen der Motor der gesellschaftlichen Entwicklung.

Sommerfest im Betrieb. Ein Highlight des Firmenjahres. Über achthundert Mitarbeitende sind mit ihren Partnern und Kindern eingeladen.

Plötzlich kommt der vierundzwanzigjährige duale Student zum Abteilungsleiter mit den Worten: »Ich möchte dir mal meine Eltern vorstellen.«

Vielleicht muss man sich ja auch nicht abgrenzen. Vielleicht denken ja nur manche Alten so.

Manche Alten denken auch noch ganz anders: Im August 2018 (üblicherweise die Saure-Gurken-Zeit für Medien) denkt der britische Popmusiker Phil Collins (siebenundsechzig Jahre alt) laut über ein Comeback seiner Band Genesis nach – allerdings nur bei einer personellen Änderung. Sein jugendlicher Sohn Nicholas sollte dann seinen früheren Platz am Schlagzeug einnehmen.

Ja, warum eigentlich nicht?

2.4 Helikoptereltern schaffen wahrscheinlich langfristig mehr Probleme als sie lösen

Siebenundzwanzigjährige, die mit ihren Eltern regulär in den Urlaub fahren, sind heute so normal wie Mütter, die ihre zwanzigjährige Tochter an die Universität begleiten und sich um alle Formalien kümmern.

Auch früher gab es Kinder, die von ihren Eltern sehr behütet wurden und so dem praktischen Leben etwas entrückt schienen und wahrscheinlich auch wurden.

Ich erinnere mich an Walter. Er war sechs Jahre alt. Ein Außenseiter, ein ungeschickter und ungelenker Sonderling. Er hatte von Anfang an keinen guten Stand in der Gruppe. Seine Eltern besuchten ihn voller Sorge während einer dreitägigen CVJM-Zelt-Freizeit auf einer der Wiesen im Bergischen Land, um nachzuschauen, ob er denn auch in der fremden Umgebung ohne seine Eltern zurechtkäme.

Danach war Walter bei den Kindern erst recht unten durch und bekam kein Bein mehr auf den Boden. Als Muttersöhnchen gehänselt, wurde er tatsächlich auch eins. Früher war Walter die Ausnahme.

Der Sohnemann ist siebzehn und will mit der Bahn von den Großeltern nach Hause zurückfahren. Leider ist er gerade etwas verpeilt und steigt an der falschen Station aus. Kein Problem. Mit gemeinschaftlichem Einsatz von Großvater und Vater gelingt die abendliche Rettungsaktion, indem diese beiden zusammen noch in dieser Nacht mehrere hundert Kilometer mit dem Auto fahren.

Der Behütetheitsgrad von Kindern in der Wohlstandswelt steigt immer weiter an. Der Siebzehnjährige wird für sein Missgeschick im Familienkreis maximal etwas gefoppt. Noch vor zwei Generationen hätte er in der Nacht auf dem Bahnhof oder beim Trampen nach Hause wirklich etwas gelernt und wäre – nicht nur beim nächsten Besuch der Großeltern – sicher nicht mehr verpeilt gewesen.

Aber er kommt nicht in die Situation, die Konsequenzen seiner Unaufmerksamkeit selbst zu tragen. Andere retten ihn. Immer.

Es geht dabei nicht um das Einzel-Ereignis. Er lernt die dauerhafte Konsequenzlosigkeit seines Verhaltens.

Abi-Abschlussfahrt ins Ausland. Am zweiten Abend ist das Handy samt Ausweis weg. Das zweite innerhalb von drei Monaten. Keine billigen Geräte. Nicht, dass sich die – sich für ganz viele Themen in ihrem Leben erwachsen genug fühlende – Tochter um die ganzen damit zusammenhängenden lästigen Wiederbeschaffungs- und Vertragsthemen selber kümmern würde oder müsste.

Das macht der Papi doch gerne. Inklusive Neubeschaffung des Handys.

Freunde, die die Geschichte mitbekommen, sind ganz locker. Nicht ohne Grund.

»Meine hat es geschafft, innerhalb von zwei Monaten drei Handys im Klo zu versenken. War in der Po-Tasche – nicht vorher herausgenommen.« Kein Problem. Geht auch irgendwie.

So ist es nicht verwunderlich, dass es zu dem Thema inzwischen erste Forschungsarbeiten gibt. So konnte das Forscherteam um Nicole Perry von der University of Minnesota 2018 zeigen, dass Helikoptereltern die Entwicklung ihrer Kinder wahrscheinlich sogar hemmen.

Die Zahl der Eltern, die ihre Kinder in Watte packen ist – gefühlt – deutlich gestiegen, denn viel häufiger als früher verhalten sich Kinder heute so, als ob sie bis Mitte zwanzig noch nicht viel praktischen Lebensbezug mitbekommen haben.

Aber – wie immer: Es gibt auch Hoffnung.

Im *NDR 2* brachte eine Lehrerin Ende September 2018 im Hörerinterview eine schöne Analogie der Unterkategorien von Helikoptereltern: Ihrer Meinung nach gäbe es Transporthelikopter, Rettungshelikopter und Kampfhelikopter. Besonders verheerend erschienen ihr als Transport- oder Rettungshelikopter getarnte Kampfhelikopter.

Ein Freund: »Seit meine Tochter ausgezogen ist, haben wir ein richtig gutes Verhältnis. Sie war immer so unordentlich. Alles hat sie überall stehen und liegen lassen. Die Spüle sah immer aus! Eine Katastrophe. Und wenn ich dann etwas gesagt habe, war sofort richtig schlechte Stimmung in der Bude. Tagelang.

Und denk nur, was letzte Woche passiert ist: Sie ruft mich an und erzählt mir eine halbe Stunde von der unordentlichen Mitbewohnerin in der WG und wie unmöglich sie das findet, dass die alle ihre Sachen in der gemeinsame Küche einfach stehen und liegen lässt.

Meine Tochter hat es
geschafft, innerhalb von zwei
Monaten drei Handys im Klo zu
versenken. War in der Po-Tasche –
nicht vorher herausgenommen.

ein Vater

Wir haben uns richtig gut verstanden.«

2.5 Konsequenzlosigkeit ist inzwischen ein verbreitetes Erziehungsprinzip

Es gibt heute in deutschen Großstädten Schlammspielplätze. Gegen Eintritt dürfen sich Kinder – ausnahmsweise und als Event inszeniert – mal so richtig austoben und dreckig machen. Na klar, wo soll sich das Stadtkind von heute denn auch noch so richtig dreckig machen?

Zum wiederholten Mal am Abend: »Du sollst die Mama nicht treten, das tut ihr weh.« Achtjähriger intelligenter Bildungsbürgerspross mit Laissez-faire-Mama, die keine Fähigkeit hat, Grenzen zu setzen und durchzuhalten. Der zehnte Tritt an diesem Abend. Kein Problem – geht schon irgendwie. Er probiert sich halt aus. Und hat inzwischen so wenig Möglichkeiten dazu. Dieses Verhalten wäre früher an einem Abend in einer Kohorte von Jungs im Alter zwischen acht und zwölf Jahren rückstandsfrei und wahrscheinlich halbwegs dauerhaft abgestellt worden. Er hätte an einem einzigen Abend gelernt, was »stärker« heißt. Und es hätte wirklich wehgetan. Und der Vater hätte dem anderen Vater nicht mit dem Anwalt gedroht, sondern es als notwendigen Reifungsprozess seines Nachwuchses verstanden, andere Menschen nicht zu treten.

Meine Freundin (die Konsequente mit dem Hasenstall) hat es bei der heranwachsenden Tochter geschafft, ihr ein paar Mal im Leben zu zeigen, dass sie sehr konsequent sein kann. Unter anderem hat sie die Kleine – nur in eine Decke eingewickelt – in den Kindergarten gebracht, weil sie sich partout nicht anziehen wollte. In weiser Voraussicht hatte sie natürlich Sachen zum Anziehen dabei. Aber die Tochter hat gelernt, dass es nicht gut ist, bestimmte Grenzen zu überschreiten.

Wenn ihre Tochter heute merkt, dass diese Grenze erreicht ist, sagt sie ihr: »Ich glaube nicht, dass du es durchziehst – aber ich traue es dir zu.« Gut so, sagt meine Freundin. Das sollte sie auch.

Unter dem Titel *Orbetello* gibt Christian Mayr in der *Süddeutschen Zeitung* vom 29. Juni 2018 ein Urlaubserlebnis wieder. Er schreibt: »Die Italiener lieben ihre Kinder, sie haben ja nicht mehr so viele. Und diesen dreijährigen Jungen lieben sie in Orbetello ganz besonders: In einer bei den Einheimischen und den deutschen Toskanaliebhabern gleichermaßen beliebte Trattoria darf er stundenlang machen was er will. Irgendwann nimmt der die Trillerpfeife gar nicht mehr aus dem Mund. Die Gäste sind alarmiert, der Chefkellner lässt vor Schreck die Scaloppine fallen. Und was machen die Mama, der Papa, die Oma, die restliche Verwandtschaft dieser süßen Zumutung? Sie schütteln halb verlegen, halb beschwichtigend den Kopf und lächeln tapfer, als sie das Lokal verlassen – der Kleine läuft triumphierend vorne weg.«

Als Konsequenz auf genau solche Eltern beschließt ein Restaurant auf Rügen im Sommer 2018, dass nach 17 Uhr Kinder unter vierzehn Jahren unerwünscht sind.
Der mediale Aufschrei war groß: Von Verletzung der Menschenrechte ist die Rede und es werden deutliche Hasstiraden auf den Restaurantbesitzer abgefeuert. Niemand hört ihm mal zu.
Er sagt im *MDR* in der Sendung *Brisant* am 17. August 2018: »Die Kinder spielen hier Fangen, die bewerfen sich gegenseitig von einem Tisch zum anderen mit Essen, laufen herum, zerren an der Tischdecke, Rotweingläser fallen um. Gäste stehen auf, bezahlen und sagen, sie möchten das nicht mehr ertragen.«
Bei *Sat.1* am 17. August 2018 berichtet der Restaurantbesitzer: »Das Kind nimmt den Kloß vom Teller, rollt ihn auf der weißen Tischdecke hin und her und die Eltern sitzen dabei und amüsieren sich drüber, dass sich das Kind entfalten kann.«

Eine Angestellte seines Restaurants: »Wir bitten dann meistens schon die Eltern (in vernünftigem Ton und sehr freundlich), ob sie nicht einfach mal ein bisschen aufpassen könnten oder ihr Kind mal an die Hand nehmen und mussten natürlich die Erfahrung machen, dass das zu oft ignoriert wurde.«

Hat jemand von Ihnen Zweifel, dass sich solche Szenen genauso abspielen? Noch vor einigen Jahren wäre es Eltern peinlich gewesen, hätte die Kellnerin sie bitten müssen, ihren Nachwuchs etwas zu bremsen. Heute: egal. Das muss die Gesellschaft aushalten. Öffentlicher Raum – was soll das bitte sein? Wir bezahlen schließlich dafür. Keine Rücksicht auf die Bedürfnisse anderer. Ich, ich, ich.

»Schatz, schneid dich nicht mit dem Messer.« Der per abendlicher Rettungsaktion heimgeholte Siebzehnjährige macht tatsächlich einen ungelenken und ungeschickten Eindruck im Umgang mit dem harmlosen Schneidwerkzeug. Aber ohne Konsequenzen lernt er auch hier nichts. Ist ja eben auch immer jemand da, der es schon viel besser kann.

Viele Kinder sind heute eher gefühlte Einzelkinder. Die dabei gerne angewendeten (Nicht-)Erziehungsmethoden wären bei drei oder mehr Kindern in der Familie wahrscheinlich völlig gescheitert. Bei einem oder maximal zwei Kindern sind sie scheinbar irgendwie durchhaltbar.

2.6 Eltern wollen heute Berater ihrer Kinder sein

Der immer partnerschaftlichere Umgang von Eltern mit ihren Kindern, macht das Zusammenleben heute sicher auf manchen Seiten einfacher und angenehmer, auf der anderen Seite aber wahrscheinlich auch anspruchsvoller.

Die Erziehungsmuster wie Gehorsam, Disziplin und Fleiß, die die Achtund-sechzigergeneration noch von ihren Nachkriegseltern übernehmen muss-ten und gegen die sie sich häufig lautstark aufgelehnt haben, haben sich irgendwo im partnerschaftlichen Miteinander verloren. (Die Älteren unter uns sehen noch die Bilder von damals vor sich: Kommunarden, die aus einem Sarg springen und Plakate mit Schriftzügen wie zum Beispiel: »Hier ist der Teufel los« (unter Bezug auf Fritz Teufel, Mitgründer der Kommune 1)).

In ihrer Studie über die Auswirkungen des Erziehungsverhaltens von Eltern heute und den Auswirkungen auf die spätmoderne Jugend und deren Wohl-befinden sprechen Jutta Ecarius et. al. von einer Erziehung des Beratens.

Kinder vertrauen ihren Eltern und fragen sie nach Richtung. Begegnung auf Augenhöhe ist vom Stil her sicher richtig. Aber was sind die möglichen Folgen, wenn die Berater im späteren Leben nicht mehr so präsent sind, sein wollen oder können? Oder wenn sie – wie viele Menschen – immer wieder ihre eigenen alten Erfolgsmodelle von gestern replizieren wollen. Ist für den menschlich sehr angenehmen, weichen, sehr sozial eingestell-ten Nachwuchs tatsächlich Jura das richtige Fach, nur weil der Papi damit ein gutes Berufsleben gestalten konnte? Oder hat er nicht ganz andere Talente? Muss nicht Erziehung heute nach wie vor Erziehung zur Selbst-ständigkeit von morgen sein?

Der Psychotherapeut Holger Salge schreibt in seinem Buch *Analytische Psy-chotherapie zwischen 18 und 25: Besonderheiten in der Behandlung von Spätadoleszenten*: »Dabei tritt mir nicht nur in meiner klinischen Arbeit, sondern in ganz verschiedenen Erfahrungsbereichen eine wenig hinter-fragte Veränderung in der gegenseitigen Bezugnahme der Generationen entgegen. Während die aktuell spät- und postadoleszenten jungen Men-schen eine große Bereitschaft erkennen lassen, elterliche Unterstützung in Anspruch zu nehmen, wird diese Haltung von der Elterngeneration in bemerkenswerter Uneingeschränktheit auch gewährt.«

Ich kann solche Erfahrungen im Freundeskreis voll bestätigen: Wenn der studierende Nachwuchs heute umzieht, dürfen gerne die Eltern ran. Von Hamburg nach Berlin und wieder zurück nach Köln, weil es nach ein paar Wochen dann doch nicht so passt. Vom heimischen Süddeutschland immer wieder mit dem gemieteten Transporter quer durch Deutschland.

Zieht man seine Freunde ein wenig damit auf, dass das entzückende Töchterchen doch sicher eine Traube von Verehrern um sich habe, die diese kleineren Auf- und Abbauarbeiten gerne (wie man selbst früher) übernehmen würden, reagieren die inzwischen auch mit völligem Unverständnis.

Und das, obwohl ihnen ihre eigenen Eltern damals weder bei irgendeinem Ein- noch bei irgendeinem Auszug geholfen haben. Ich weiß es noch sehr genau. Ich war nämlich – wie alle anderen Freunde damals auch – einer derjenigen, der die Umzüge mitgemacht hat.

Dieses Phänomen zeigen auch aktuelle Studien. Unter dem Titel: *Mama bleibt die Beste* berichtet die *Süddeutsche Zeitung* im August 2018 über eine im Fachmagazin *Psychological Science* publizierte Untersuchung an der University of California von einem experimentellen Design, das die Schlussfolgerung nahelegte, dass viele Eltern selbst im Studentenalter noch die engsten Vertrauten bleiben.

Eltern denken, sie tun ihren Kindern damit etwas Gutes. Möglicherweise ist genau das Gegenteil ist der Fall. Sie bereiten sie wahrscheinlich sogar schlechter für ihr Leben vor.

Eine Studentin: »Seit einem halben Jahr quäle ich mich mit der Frage, ob ich den richtigen Studienort für meinen Master gewählt habe. Ich habe Albträume und Schlafstörungen. Ich muss immer wieder mit der ganzen Familie über dieses Problem reden. Inzwischen kann es schon keiner mehr hören.«

Verunsichert und orientierungslos bleiben viele Kinder heute bis in die Endzwanziger nicht nur finanziell, sondern auch emotional abhängig.

Der Psychotherapeut Holger Salge an anderer Stelle zum Thema: »Bei einer postulierten kontinuierlichen Zunahme (oder auch stärkeren Demaskierung) psychischer Erkrankungen in den zurückliegenden zwei bis drei Jahrzehnten entsteht der Eindruck, dass die Zahl junger Menschen, die die im Übergang zum Erwachsenwerden anstehenden Entwicklungsaufgaben nicht hinreichend bewältigen, zunimmt.«

»Ich habe Medizin studiert, weil das immer der heimliche Wunsch meines Vaters war. Sehr zu seinem Leid konnte er nur Lehramt studieren. Ich wollte eigentlich immer Geologe werden. Ich wusste vom ersten Tag an, dass Medizin nichts für mich ist. Nach dem Physikum habe ich es nicht mehr durchgehalten« (Lehramtsstudent im zweiten Anlauf, Mitte zwanzig). Das Trauma über sein Scheitern hält Jahre an.

Eine Frage, die sich in diesem Zusammenhang stellt ist aber auch, ob und wie Eltern ihrer Rolle als Eltern eigentlich heute noch nachkommen oder nachkommen wollen. Kann Mutti eigentlich wirklich die beste Freundin sein?

Oder wird die Phase der kindlichen und juvenilen Abhängigkeit vielleicht nicht manchmal unbewusst oder sogar bewusst von einigen heutigen Eltern auch ganz gerne deutlich verlängert?

Vielleicht ist die von manchen Eltern angebotene Rolle der besten Freundin eben auch für die Mutter recht bequem. Die sieht zwar oberflächlich betrachtet nach viel Verständnis aus, aber vielleicht ist es auch der Versuch der Reduktion der elterlichen Rolle, die Vermeidung des unbequemen und konfrontativen Verhaltens und dadurch auch eine prima Möglichkeit, junge Erwachsene dauerhaft in der Kinderrolle zu halten, um die eigene nicht verändern zu müssen.

Vielleicht machen es sich manche Eltern von heute doch ein wenig zu einfach mit der Aufgabe der Elternschaft und der beratenden Erziehung.

2.7 Ohne Hochbegabung bist du ein Nichts

Viele Eltern sind heutzutage davon überzeugt, dass ihr Nachwuchs unfassbar intelligent und geradezu ein Ausbund an Hochbegabungen ist.

Möglicherweise liegt dieser Eindruck zwar eher an mangelnden Vergleichsmaßstäben durch die im Durchschnitt geringe Anzahl von Kindern oder aber vielleicht auch an dem starken Einzug von Gesichtspunkten einer übertriebenen Leistungsgesellschaft bis tief in die Familien hinein. Heute muss Kind eben schon früh Besonderes leisen.

Es gibt – im Moment noch etwas unklare – Indizien dafür, dass die Menschen tatsächlich immer intelligenter werden. James Flynn, einem Politikwissenschafter in Neuseeland war aufgefallen, dass die IQ-Werte in einigen Ländern über die Jahre anzusteigen schienen. Jakob Pietschnig und Martin Voracek von der Universität Wien konnten in einer Meta-Analyse mit insgesamt vier Millionen Versuchsteilnehmern tatsächlich zeigen, dass der IQ seit Beginn des zwanzigsten Jahrhunderts massiv angestiegen ist. Allerdings nehmen die Zuwächse seit rund vierzig Jahren in vielen Ländern auch langsam wieder ab. Unbegrenzt klüger werden, das wird also nicht gehen, so Pietschnig in einem Interview mit der Zeitschrift *Die Welt*.

In den letzten dreißig Jahren hatte die Gesellschaft jedoch bei Kindern und Jugendlichen vor allem die Bildung im Blick.

Das führt in der Folge aber auch zu einer pädagogischen Belagerung. Der Begriff stammt von Prof. Dr. Helmut Willems. Der Soziologe hat an der Universität Luxemburg eine Professur für Soziologie und Jugendforschung inne. Er drückt damit aus, dass es im Leben von jungen Menschen kaum noch Räume gibt, die nicht pädagogisch überformt sind, vergleicht man das einmal mit der Jugend von vor vierzig oder fünfzig Jahren.

Das führt möglicherweise, neben der durchgehenden Kommerzialisierung der Jugendzeit, noch zu weiteren Stressfaktoren bei Kindern und Jugendlichen. Und davon haben wahrscheinlich viele Kinder und Jugendliche heute schon mehr als genug.

Die jährliche – aufwendig inszenierte Schultheateraufführung naht. Die Hauptrolle wird traditionell durch ein Kind des vierten Schuljahres besetzt.
Das eigene Kind bekommt nicht die Hauptrolle.
Meine Eltern hätten gedacht: Okay, es gab eben besser passende Besetzungen. Die Lehrer werden schon wissen, was sie machen.
Heutige Eltern beschweren sich beim Rektor. Der hat ja auch sonst nichts zu tun, als seine Tage mit solchem Unfug zu verbringen.
Der Gedanke an besser passende Besetzungen kommt diesen Eltern überhaupt nicht in den Sinn: Als könne es keine andere Besetzung der Rolle als durch den eigenen, unfassbar multipel hochbegabten und hochsensiblen und im Grunde für Alles am besten geeigneten Spross geben. Die Lehrer sind einfach so beschränkt, dass sie das nicht erkennen.
Der Direktor ist für einen Moment mal mutig: Bei der Premiere lässt er – neben seiner großen Freude und dem Dank an die mit viel Einsatz arbeitenden Kinder und Eltern – auch seinen Frust in einem Halbsatz verlauten.
Er sagt: »Über 70 Prozent der Elternpaare des vierten Schuljahres haben sich bei mir darüber beschwert, dass nicht ihr Kind die Hauptrolle bekommen hat.«

Wenigstens einen Moment betretenes Schweigen.
Es wird nicht lange anhalten.

Mal sehen, was noch kommt: Zwei gute Freundinnen von mir sind Rektorinnen an Grundschulen. Normale deutsche Mittelstädte. Keine sozialen Brennpunktschulen.
Die müssen sich heutzutage damit herumschlagen, dass Eltern allen Ernstes von ihnen verlangen, die Klobrille warm zu föhnen, damit sich ihre kleine Prinzessin ohne Kälteschock darauf setzen kann.

Hinter der vorgehaltenen Hand – weil sie es selbst kaum glauben können – sagen sie allerdings, es war ein guter Monat, wenn sie nicht so viel geschlagen, gekratzt und gebissen wurden.

2.8 Die Geister der Generationen wechseln einander wahrscheinlich etwas ab

»Wer mit neunzehn kein Revolutionär ist, hat kein Herz.
Wer mit vierzig immer noch ein Revolutionär ist, hat keinen Verstand.«

Theodor Fontane, deutscher Schriftsteller

Ein Vater der Babyboomer-Generation: »Meine Tochter ist militante Veganerin. Also wirklich militant. Gummibärchen sind ein Problem für sie wegen der Gelatine. Im Moment arbeitet sie gerade daran, dass ein ganzer Stadtteil in Berlin vegan wird.«

So weit, so gut. Wer mit vierundzwanzig kein Revolutionär ist, hat kein Herz – so ein Sponti-Spruch der Generation der Achtundsechziger.

Es muss das Recht und auch die Verpflichtung jüngerer Generationen sein, sich gegen die etablierten Ordnungen älterer Generationen aufzulehnen.

»Meine Tochter ist für radikale Nachhaltigkeit. Es ist ihre feste Überzeugung, dass der Planet als Öko-System erhalten bleiben muss. Da der Hersteller meines Autos auch Diesel-Fahrzeuge herstellt, fährt sie nicht mehr mit mir. Sie will Ökologie studieren.« So weit, so richtig.

Ich bin der festen Überzeugung: Die Generationen wechseln sich wahrscheinlich immer etwas ab. Die Hippie-Generationen bringen die angepassten Spießer-Generationen hervor. Den Kindern sind ihre Spießer-Eltern irgendwann peinlich. Davon grenzen sie sich ab. So entstehen Punks.

Allerdings muss man bei der aktuellen Jugend-Generation schon auch die andere Seite sehen. Ein Vater: »Sie wollen alle ihr schönes, gesichertes Zuhause. Sie sind unglaublich tolerant und oft auch ein bisschen naiv. Man muss sie inzwischen wirklich aktiv darauf vorbereiten, wie die Welt tickt.«

Wer mit vierzig immer noch Revolutionär ist, hat keinen Verstand. Die Aussage kann ich verstehen, kann ihr aber nur zum Teil zustimmen. Wo die Hoffnung auf gravierende Veränderungen im Glauben an das Kommen der alle Verhältnisse umwälzenden Revolutionen besteht, wird sich diese Hoffnung möglicherweise aber eben auch nicht erfüllen.

Es gibt in der katholischen Kirche seit mehreren hundert Jahren die Hoffnung, es möge doch bitte zu gravierenden Umwälzungen kommen. Martin Luther könnte darüber sehr authentisch berichten. Über die Unmöglichkeit, solche Veränderungen tatsächlich durchzuführen, könnte Papst Franziskus wahrscheinlich auch sehr beeindruckend sprechen.

Aber es muss ja gar nicht disruptiv und revolutionär gehen. Veränderungen können ja auch evolutionär erfolgen. Und auch wenn die Veränderungen durch Evolutionen erfolgen, können sie durchaus noch revolutionäres Gedankengut beinhalten. Der lange Marsch durch die Institutionen der Achtundsechzigergeneration ist ein gutes Beispiel für diese nach außen etwas gemäßigtere, nur anfangs revolutionäre und später dann doch sehr evolutionäre Variante.

»Ohne ein allgemeines Klima des Aufbruchs hätten die Wohngemeinschaften, die Kinderläden, die handwerkelnden Genossenschaftler, die Landkommunen, hätten der Feminismus und die reformpädagogischen Experimente nicht ihre prägende Kraft gewinnen können«, meint Mathias Greffrath in seiner Rezension des Buches von Sven Reichardt. Der Historiker zeigt in seinem Buch *Authentizität und Gemeinschaft* wie das linksalternative Milieu und dessen Lebensformen vor vierzig Jahren die Bundesrepublik modernisierten.

Ob die vielen Alt-Achtundsechziger, die den langen Gang durch die – häufig öffentlichen – Institutionen gegangen und in ihrer heutigen Rolle als Arbeitsrichter oder Chefarzt angekommen sind, die Performanz dieser Organisationen allerdings im Durchschnitt wirklich nachhaltig und langfristig verbessert haben, und nicht mit ihrer Gedankenwelt auch sehr viel Post-Sponti-Durcheinander erzeugt haben, darf stellenweise mit gutem Recht auch gerne bezweifelt werden.

Aber – sei es drum: Sie waren sicher wichtige Motoren der Liberalisierung und Demokratisierung von Erziehung und Pädagogik.

Ganz generell: Wir sind der Überzeugung, dass sich viele Generationen etwas von den vorhergehenden unterschieden haben. Menschen, die zu ähnlicher Zeit ähnliche Lebensphasen durchlaufen, entwickeln gewisse Grundprägungen und Überzeugungen, Meinungen und Werte. Diese Einstellungen dienten oft nicht zuletzt der Abgrenzung gegenüber den älteren Generationen, mal mehr, mal weniger rebellisch.

Die individuellen Unterschiede zwischen den Menschen einer Generation waren und sind aber immer weitaus größer und vielfältiger als die Unterschiede zwischen den Generationen. Diese lassen sich häufig nur in ganz wenigen soziologischen Variablen stabil nachweisen und verändern sich eher graduell über die Generationenfolge hinweg.

3.
Einflussfaktor Umwelt

3.1 Du musst nichts können. Es reicht, dass du bist

Im ARD *Morgenmagazin* tritt die Sängerin Lutentia (oder so ähnlich) auf. Sie habe den Nummer eins Sommerhit Hit in Slowenien (oder Tschechien?) gelandet, so der Sprecher des *Morgenmagazins*.
Mit der mangelnden Playback-Ausstattung der kleinsten Fernsehbühne der Welt wird schnell deutlich: Sie kann nicht singen. Sie trifft viele Töne einfach nicht sauber.
Das macht nichts.
Sie lebt ja in einer Zeit, in der singen können keine Voraussetzung ist, um sich als Sängerin ausgeben zu können.

Die Abende der Privatsender sind voll mit Sendungen, in denen Kinder, die nicht singen und tanzen können, von Menschen, die die neuzeitliche Version der römischen Arena als Geschäftsmodell betreiben, vorgeführt werden. Ob Dieter Bohlen oder Heidi Klum; sie leben gut davon.

Und Millionen von jungen Menschen, die sich die aktuelle Version des zeitlosen Märchens von Aschenputtel erträumen, schauen zu.
Was einige junge Menschen heute allerdings im Gegensatz zum Märchen von früher glauben, ist: Du musst nichts können.
Und schon gar nicht musst du dir mühevoll etwas erarbeiten.
Du musst nur in der richtigen Situation mit den richtigen Produkten auf YouTube gesehen werden, schon kannst du dich vor Produkten, die dir Firmen kostenlos zusenden, kaum noch retten. Monate später jettest du um die Welt, hast einen vollen Terminkalender, übernachtest in teuren Hotels und dein persönlicher Assistent muss leider alle weiteren Anfragen für das laufende Jahr abwehren, weil dein Terminkalender überquillt und du einfach im Moment nicht mehr kannst und etwas Entspannung brauchst. Du musst einfach mal etwas für dich tun.

Bianca Claßen grüßt aus BibisBeautyPalace.

Kinder sind viel mehr
Produkte ihrer Zeit
als der Erziehung
ihrer Eltern.

Einer unserer jungen Mitarbeiter träumte davon, Speaker zu werden. Er hatte ein gutes Standing, war charmant, offen, wirkte selbstsicher und konnte sich gut in Szene setzen. Er hätte gute Chancen gehabt, sein Ziel zu erreichen. Leider war es um die Bereitschaft, sich irgendwelche Themen zu erarbeiten, nicht so gut bestellt. Sein Verhalten war überwiegend lustbetont. Wenn etwas Spaß machte, kamen gute Ergebnisse heraus, wenn nicht, war es nur das Nötigste. Das ist kein Problem wenn man sechzehn Jahre alt ist, aber mit sechsundzwanzig sollte diese Phase lange hinter einem liegen. Nur Potenzial reicht eben nicht.

Was man bei privaten Längsschnittstudien in Form von Klassen- oder Jahrgangstreffen gut sehen kann: Am weitesten (und zwar interessanterweise meist nicht karrieretechnisch oder monetär, sondern oft auch intellektuell) kommt die Mixtur aus Potenzial und Fleiß.

Dann Fleiß. Bei nur Potenzial bleibt die Entwicklung häufig früh stecken.

3.2 Verhindert zu viel Behütung Resilienzaufbau?

»Non scholae, sed vitae discimus.«

(Deutsch: Nicht für die Schule, für das Leben lernen wir.) Lucius Annaeus Seneca (der Jüngere), römischer Philosoph, Dramatiker, Naturforscher, Politiker und Schriftsteller

Als meine Schwester mit fünf Jahren Klavierstunden nehmen durfte, fuhr sie mit dem Bus dorthin. Eine Stunde hin, eine Stunde zurück, in einer Industriestadt mit 130.000 Einwohnern.
Das war damals normal. Wahrscheinlich war das für sie anfangs auch ein Abenteuer, schnell aber dann auch nicht mehr.
Ich höre schon die Einwände: 2018 ist nicht 1969! Der Verkehr! Die Irren! Die Pädophilen!

Die gute Nachricht: Sie hat es überlebt. Und baute Resilienzen auf. Widerstandskräfte, alleine und gut Herausforderungen zu bewältigen. Die konnte sie in ihrem ganzen Leben gut gebrauchen.

Es sind nicht nur die Helikoptereltern: Alle Bildungseinrichtungen vom Kindergarten bis zur Universität sind heute viel behütender und beschützender. Und auch viel verschulter, ängstlicher und enger. Mit guter Absicht und durchaus auch zweifelhaften Effekten für das ganze folgende Leben.

Einer der problematischen Effekte könnte – die wissenschaftlich meines Wissens noch nicht untersuchte – These sein, dass die Kombination aus der sich scheinbar bietenden unendlichen Vielzahl der Möglichkeiten »Wenn ich groß bin, werde ich Influencerin«, der realen Beschränktheit der eigenen Möglichkeiten »Wir können dir den dritten Wechsel des Studienfachs nicht mehr finanzieren« und der sinkenden psychischen Widerstandskraft, auch auftauchende Hindernisse zu überwinden und länger ohne schnelle Erfolgserlebnisse durchzuhalten, zum deutlichen Anstieg der Depressionen bei Jugendlichen ganz massiv beiträgt.

Ich treffe eine Seminarteilnehmerin, die in Schweden arbeitet. Schweden ist in meiner inneren Welt ein soziales Vorzeigeland und eigentlich an in die Menschen reinvestierten Wohlstand nicht zu überbieten. In meiner kindlichen Vorstellung ist alles perfekt in IKEA-warmen Hölzern eingerichtet, ocker-weiß angestrichen und fröhlich springt Pippi Langstrumpf durch Småland und besucht Michel in Lönneberga.
Die pädagogische Realität sieht allerdings anders aus. Sie sagt: »Den Kindern dort wird überhaupt nichts mehr abverlangt. Zu große Klassen, zu wenig Lehrer. Das Misstrauen gegen Bildung und Eliten sei in der schwedischen Bevölkerung so groß, dass sich die gesamte pädagogische Förderung immer am schwächsten Kind ausrichte. Das unterfordere natürlich viele Kinder, die schulischen Ergebnisse sind entsprechend. Aber auch mehrere PISA-Katastrophen haben im Land bislang noch nicht zu einem deutlichen Umdenken geführt.«

Eine ähnliche Entwicklung gibt es bei uns auch. In Berlin hat man kürzlich festgestellt, dass es wirklich so katastrophal ist, wie man immer vermutet: Die *Berliner Morgenpost* schrieb am 12. Februar 2018:

»Berliner Grundschüler können nicht schreiben und lesen!« Rund drei Viertel der 24.000 Berliner Drittklässler scheitern laut eines Vergleichstests an der deutschen Rechtschreibung«, heißt es.
Weiter steht dort: »Die Berliner Drittklässler schneiden bei aktuellen Vergleichsarbeiten miserabel ab. Etwa die Hälfte der 24.000 Schüler erreicht nicht die Minimalanforderungen im Bereich der Rechtschreibung, ein weiteres Viertel schafft nur den von der Kultusministerkonferenz gesetzten Mindeststandard. Ein optimales Ergebnis erreichten 18 Prozent der Schüler. Betrachte man nur die Kinder deutscher Herkunftssprache, sehe das Ergebnis kaum anders aus: Von ihnen würden 40 Prozent auf der schlechtesten Stufe liegen, nur fünf Prozent würden den Optimalstandard erreichen, heißt es weiter. Bei Kindern anderer Herkunftssprachen würden 60 Prozent nicht den Mindeststandard erreichen.
Beim Lesen blieben 30 Prozent unter dem Mindeststandard, 18 Prozent würden die beste Stufe erreichen. Beim mathematischen Thema Größen und Messen schaffe mehr als ein Drittel der Grundschüler nicht die einfachsten Aufgaben, bei nicht-deutschsprachigen Kindern sogar die Hälfte.«

Probleme in der Schule gab es zwar wahrscheinlich schon immer, dass das Herumexperimentieren mit Lernmethoden aber nicht zu verbesserten Leistungen führen muss, wissen wir spätestens seit der Ein- und wieder Ausführung der Mengenlehre.

Und so kommt es auch. Mehrere zehntausend angelernte Rechtschreibschwächen später stellen 2018 die ersten wissenschaftlichen Studien fest: Kinder lernen Rechtschreibung am besten mit der Fibel. (*Spiegel Online*, 16. September 2018).

Warum untersucht man so etwas nicht vorher? Bevor man es dem Gefühl der Pädagoginnen an den Grundschulen überlässt, sich eine Methode auszusuchen, die ihnen gefällt? Wenn Sie mal herzlich lachen wollen, empfehle ich die Kolumne von Harald Martenstein in der *Zeit Online* zum Thema »Schreiben lernen nach Gehör«.

Der Vater einer Mitarbeiterin meldet sich beim Personalchef des mittelständischen Dienstleistungsunternehmens zum Besuch an. Er wolle mit ihm über die Karriereentwicklung seiner Tochter sprechen. Sie ist im dritten Jahr in der Firma. Etwas verwundert und auch ein bisschen verdattert stimmt der Personalchef zu. Der Vater beim Besuchstermin: »Meine Tochter (achtundzwanzig Jahre, Mathematikstudium) muss die Abteilung wechseln. In dieser Abteilung wird sie krank.«

Noch vor zehn Jahren hätte der Personalchef sich schwer gewundert. Inzwischen weiß er: Helikoptereltern gehen mit zur Schule, bringen ihre Kinder bis in die Klassen, fahren sie die ganze Jugend lang zu ihren Veranstaltungen, holen sie bis Mitte zwanzig von der Disco ab und gehen mit zur Uni. Sie wollen nun schließlich auch wissen, in welcher Umgebung ihr Kind lebt und arbeitet und nehmen die Firmenarbeitsplätze und -bedingungen dann auch schon mal selbst in Augenschein. Der Personalchef weiß aber auch: Sie wird wirklich krank. Sie hat für die auf sie einströmenden Anforderungen des realen Alltagslebens einfach zu wenig entwickelte psychische Widerstandskräfte.

3.3 Die Schnelligkeit steigt

»In the future, everyone will be world-famous for fifteen minutes.«

Andy Warhol, Mitbegründer und bedeutendster Vertreter amerikanischer Pop Art

Nach dem Tod meines Schwiegervaters helfen wir beim Umzug der Schwiegermutter in eine altersgerechte Wohnung. Dabei fallen mir alte Schallplatten in die Hand. Peter Alexander, Udo Jürgens, Wenke Myhre. OMG. Toll – die schenken wir dem Seniorenheim. Da gibt es sicher Menschen, die sich über die Melodien ihrer Jugend freuen.

Was mir aber noch ins Auge fällt, ist, wie lange früher Karrieren dauern konnten, wenn sie zumindest etwas auf Substanz aufgebaut waren. Natürlich sind auch früher ganz viele Namen schnell wieder verschwunden – und bei fast allen war das sicher auch gut so – aber von vielen Künstlern finde ich auch Platten aus dreißig oder sogar vierzig aktiven Bühnenjahren. Das ist wahrscheinlich eine Erscheinung von gestern.

Lina und Lena – Idole der Kids von heute, dank Musical.ly bekannt geworden, liegen unter den ersten Top 10 bei Instagram mit über 12,6 Millionen Followern. Sie haben eine eigene App, eine eigene Modekollektion und … tragen Zahnspangen.
Wahrscheinlich werden wir allerdings schon im nächsten Jahr nichts mehr von ihnen hören. Die Maschinerie braucht dann eben neues Futter.
Was diese scheinbare Erreichbarkeit von mühelosem Reichtum bei Kindern und Jugendlichen auslöst, bleibt abzuwarten.

Erste Folgen sind schon heute sichtbar: »Ich lass keine ungestylten Fotos von mir machen«, meint die dreiundzwanzigjährige Tochter von Freunden. »Es kostet mich am Tag mindestens zwei Stunden, um perfekt geschminkt und angezogen zu sein.«

Kein Problem – dank BibisBeautyPalace von Bianca (Heinicke Claßen) mit über 5,5 Millionen Followern auf Instagram und YouTube klappt das mit dem Schminken auch bei Zehnjährigen inzwischen leinwandreif. Leider hilft auch das im Leben nur bedingt weiter.

»Die Kinder von nebenan haben es doch auch geschafft. Warum denn ich nicht?« Die Entkoppelung von Aufwand und Ertrag – das Versprechen des mühelosen Erfolges wird bei jungen Menschen noch sehr viel Frustration verursachen.

3.4 Der delay of gratification sinkt

»They tell me, what I earn in five and in ten years. But they want me to come back tomorrow. What do I earn tomorrow?«

Ein junger Mitarbeiter der Generation Y

Psychologen berichten seit Jahren: Der delay of gratification (Belohnungsaufschub) sinkt.

Kennen Sie den Versuch amerikanischer Forscher?
Kinder bekommen einen Marshmallow und es ist ihnen freigestellt, ihn sofort zu verspeisen. Die Forscher sagen den Kindern aber, dass sie noch einen zusätzlichen Marshmallow bekommen, wenn sie warten, bis der Versuchsleiter wiederkommt.
Ob der Versuchsleiter wiederkommt, wissen sie nicht.
Gemessen wird die Zeitspanne, die die Kinder im Durchschnitt warten, ob und bis er wiederkommt und ihren ersten Marshmallow verspeisen.
Dieses Vertrauen in die Zukunft, dieser Glaube, dass sich Investition in Zukunft auszahlen werden, ist bei jüngeren Generationen immer schwächer ausgeprägt. Immer mehr Kinder essen den Marshmallow sofort.

3.5 Spaßorientierung ist die Maxime

»Wenns keinen Spaß macht, machen wir es nicht.«

Claude Larass, deutscher Journalist und Medienmanager

Die heute erkennbare, starke Lustbetontheit wird oft schon in den Familien vorjustiert und später in den inzwischen sehr weich gestellten Ausbildungsinstitutionen nahtlos übernommen.

»Mir ist langweilig«, »Das ist nicht lustig« und so weiter. Und die Ansprüche steigen. Nicht unbedingt nur die der Kinder.

Neulich fuhr ich hinter einem Lieferwagen her. Die Aufschrift: Kinder-Event-Agentur Donikkl. Um im Konkurrenzkampf der Eltern untereinander zu gewinnen, werden immer professionellere Geschütze aufgefahren: Outsourcing bei Donikkl ist das Mittel der Wahl.
Und um die Kinder im Schulunterricht wenigstens halbwegs bei der Stange zu halten, wird aus vielen Themen in der Schule ein Event, ein Spiel oder eine Performance gemacht.

Es geht für den Einzelnen heute noch viel stärker als früher um die Frage: »Was macht (daran) Spaß?« Die Frage nach dem Spaß wird dann nach Abschluss der Ausbildung häufig nahtlos auf die Unternehmen übertragen.
Spaß, Abwechslung und Lustbetontheit stehen inzwischen oft im Vordergrund.

3.6 Egalität von Anfang an!

»Du magst nicht mehr bei der Omi sein? Gut, dann fahren wir eben wieder nach Hause.«

Dialog mit einer Dreijährigen

Nicht, dass Besuche früherer Generationen bei der eigenen Oma nur eine große Freude gewesen wären. Aber die Entscheidung darüber, wie lange sie dauern sollten, waren keine Teamentscheidungen.

Das war manchmal nicht lustig, lehrte einen aber, dass es nicht immer nur nach dem eigenen Willen geht.

Dieser heutzutage bereits in vielen Familien früh eingeübte Wunsch zur Mitbestimmung wird in späteren Lebensphasen natürlich nicht wieder so einfach eingestellt. Nur, weil man jetzt in einer Firma oder Organisation arbeitet.

Junge Berufseinsteiger von heute wirken nach außen häufig selbstbewusst und äußern deutlich ihre Erwartungen. Sie respektieren Personen auf Basis eigener Kriterien, vielleicht noch nach Fähigkeiten und Wissen (das sie oft nicht einschätzen können), aber nicht aufgrund von Positionen oder Titulaturen. Sie sehen sich selbst von Anfang an als vollwertiges Teammitglied – egal, ob sie Erfahrungen in einem Themenfeld haben oder nicht.

»Du kannst doch auch viel von mir lernen« – so eine junge Berufseinsteigerin Anfang zwanzig im Brustton der Überzeugung zu einer fünfzigjährigen, erfolgreichen Managerin.

Ja, sicher. Aber im Job? Echt jetzt?

Du magst nicht mehr bei der Omi sein? Gut, dann fahren wir eben wieder nach Hause.

Mutter eines Dreijährigen

3.7 Menschen aus jüngeren Generationen haben viel weniger Durchhalten gelernt

Der Azubi will nicht so richtig. Er kommt morgens öfter zu spät und ist lustlos bei der Sache. Abends wird aber auf die Minute geachtet. Ein erstes ernstes Gespräch, zwei weitere folgen. Beim vierten ist der Vater dabei.
»Du hast doch gar keine Lust«, wird er vom Chef konfrontiert.
»Ja«, gibt er zu. Er habe gar keine Lust auf die Ausbildung. So anstrengend.
Ihm wird letztendlich angeboten, den Ausbildungsvertrag zum Ende des Monats aufzulösen, dann bekomme er noch die volle Ausbildungsvergütung für den Monat und könne sich etwas Neues suchen.
»Och, Mist. Morgen wollte ich eigentlich mit den Kumpels ins Schwimmbad!«, ist sein einziger Kommentar.
Der Rest ist Schweigen. Viele Väter hätten sich früher geschämt.

Durch einen Umzug der Familie wechselt der Auszubildende seine Stelle als Dachdecker im zweiten Lehrjahr. Hoffnungsvoll und offen wird er gerne ins Team aufgenommen. Nach vierzehn Tagen kündigt er. Er könne das Geschrei des Chefs nicht ertragen.

Arbeit verstehen viele Menschen jüngerer Generationen heute als flexible, ergebnisorientierte Handlung zur Selbstverwirklichung und nicht als mühsame Pflicht, um das eigene Überleben und das der eigenen Nachkommen zu sichern.
Eine Klarheit, was vom Job und von der Berufswelt generell zu erwarten ist und was aber auch nicht, scheint mir heute immer später erreicht zu werden.
Ein ganzer Teil unserer Anfang bis Mitte zwanzigjährigen Praktikantinnen und Praktikanten hat sie oft noch nicht. Ihre Praxissemester sind häufig der mehr oder weniger erste Kontakt mit dem Arbeits- und Erwerbsleben.

Die junge Beraterin legt nach zwei Jahren (erster Job nach dem Studium) erst mal wieder ein Jahr Selbstfindung auf Reisen ein.

Die schlechte Nachricht für ihre Arbeitgeber nach uns: Das wird sie mit hoher Wahrscheinlichkeit so weitermachen, bis ihre eigene Familiengründung sie Mitte dreißig etwas sesshafter macht.

3.8 Verschiebt die Überbehütung durch Eltern und Schule Verhalten in Richtung Lageorientierung?

Das Konzept »Handlungs- versus Lageorientierung« ist ein psychologisches Konzept, das versucht, Verhaltensunterschiede beim Thema Handlungsorientierung zwischen Menschen zu beschreiben und zu erklären.

Um das Konzept kurz vorzustellen, erinnere ich mich an eine Geschichte: Zwei Menschen, der eine stark handlungsorientiert und der andere stark lageorientiert, werden unabhängig voneinander entführt und jeweils im Kofferraum eines Autos eingeschlossen. Der stark Lageorientierte bleibt liegen und wartet darauf, dass Hilfe kommt.

Der stark Handlungsorientierte macht durch Klopfen und Rufen auf sich aufmerksam und versucht, sich aus der misslichen Lage zu befreien.

Das Konzept sagt dabei nichts darüber, welches Verhalten in welcher Situation sinnvoller oder richtig ist, sondern beschreibt einfach die unterschiedlichen Verhaltenspräferenzen von Menschen.

Die Überbehütung der Kinder in Elternhaus und Schule, inzwischen aber bis in die Hochschule, führt möglicherweise zu immer mehr gelerntem lageorientierten Verhalten (falls – und da bin ich mir nicht sicher – Kind das wirklich lernen kann). Ich muss nur lange genug warten, dann kommt jemand und hilft mir.

Unser ganz pfiffiger Praktikant wird gebeten, aus dem Nachbarort einen reparierten Staubsauger abzuholen. Er bekommt von der Assistentin einen Zettel mit den Telefonnummern des Reparaturbetriebes und wird gebeten, vorher dort anzurufen um zu klären, wann er sie abholen kann.

Am Ende der Woche frage ich ihn, ob alles geklappt habe mit der Abholung. Er meinte, er habe beide Nummern angerufen, es sei aber unter beiden Nummern jemand dran gegangen, der mit dem Reparaturbetrieb nichts zu tun hatte.

Und, frage ich. Was jetzt? Keine Antwort.

Er wusste wirklich nicht mehr weiter und hatte das Projekt wegen unlösbarer Schwierigkeiten eingestellt. Keine versuchte Idee, was jetzt zu tun sein könnte oder wie er sich aus der Situation wieder herausbringt. (Die Vorwahl war falsch aufgeschrieben.) Das wäre früher bei einem jungen Auszubildenden vielleicht noch verständlich gewesen.

Auch bei den Themen Selbstmanagement, eigene Zielklärung und -findung und intrinsische Leistungsbereitschaft werden Jugendliche immer älter, bevor sie Verantwortung für ihr Leben übernehmen und anfangen, auftauchende Hindernisse selbstständig aus dem Weg räumen. Dank der immer präsenten Eltern müssen sie das ja auch sehr lange nicht.

3.9 Zeigt euren Kindern, dass ihr schwitzt

Viele Eltern ermöglichen ihren Kindern heute Urlaube, wie sie noch vor zwanzig Jahren Millionären vorbehalten waren – das ist doch eine tolle Entwicklung. Das vor diesen Urlauben auch fünfunddreißig mühevolle Jahre bei ihren Eltern gelegen haben – woher sollen sie es wissen?

Kinder und Jugendliche von heute sind der Erwerbswelt von heute weit entzogen. Das sie als Jugendliche dann auch solche Urlaube wie mit den Eltern machen wollen – wer soll es ihnen verdenken? Allerdings auch gerne ohne die fünfunddreißig Jahre Aufbauarbeit.

Als Mütter noch bis Anfang der 1960er-Jahre Waschtag mit holzgefeuertem Kessel im Waschkeller hatten, bekamen die Kinder die Mühe noch mit. Als die Väter aus den Fabriken dieser Jahre nach Hause kamen, wussten die Kinder, dass es anstrengend, laut und dreckig zugehen musste, sie kannten die Fabrik ja, sie lag am Ende der Straße. Die Fabrik ist heute in China und Waschtag ist jeden Tag. Die Anstrengungen und Mühen früherer Arbeits- und Lebensweisen sind dem durchschnittlichen Kinder- und Jugendlichen-alltag heute weit entrückt.

Richard David Precht hat in einer Kolumne »Warum wir immer selbst den-ken sollten« vom 15. Februar 2018 für das *Handelsblatt Magazin* vor den langfristigen Folgen der immer mehr zunehmenden Automatisierung und Erleichterung des Lebens- und Arbeitsalltages meines Erachtens richtiger-weise deutlich gewarnt.

Am Beispiel des niederländischen Verkehrsplaners Hans Modermann der sich irgendwann fragte, warum Menschen mit ihren Autos eigentlich durch schmale Straßen rasen, machte er deutlich, dass Menschen umso mehr Verantwortung abgeben, je mehr ihr Verhalten durch Schilder, Ge- und Verbote reguliert wird. Precht zitiert Modermann mit den Worten: »Wenn man die Leute ständig anleitet und behandelt wie Idioten, dann benehmen sie sich auch wie Idioten«.

Die These, dass auch das Gehirn ein zu trainierender Muskel ist, vertre-ten trainierte Menschen ja schon lange. Und dass eben ohne vollständi-ge Automatisierung, unter Beibehaltung der zur Erledigung der Aufgabe aufzubringenden Mühe auch die Achtsamkeit, Vorsicht und Verantwortung für eine umsichtige Erledigung der Aufgabe erhalten bleiben, ist meiner

Auffassung nach ein Gedanke, der wirklich weiter führt. Leider lassen sich viele Fähigkeiten und Fertigkeiten nicht ohne Durchhaltevermögen, das Überwinden von Durststrecken und auch das Ertragen von Frustrationen überstehen.

In den Bildungseinrichtungen haben die Kinder immer nur Erwachsene als Lehrer, denen das, was sie tun, scheinbar leicht fällt, jedenfalls können sie es gut. Den Prozess, dahin zu kommen, bekommen sie nicht zu sehen.

Das Fachblatt *Science* berichtete 2017 von einem Experiment am Massachusetts Institute of Technology in Cambridge (MIT), das sich genau dieser Frage widmete: Hat es einen positiven Einfluss auf die Anstrengungsbereitschaft von Kindern, wenn sie mitbekommen, welche Mühen ihre Eltern bei der Bearbeitung von Aufgaben haben? Und – das Ergebnis überrascht nicht – der Effekt ist nachweisbar. »Zeigt euren Kindern, dass ihr schwitzt«, schrieb Science. Beim Erlernen von Beharrlichkeit und Ausdauer spielt also auch die Vorbildwirkung der Eltern eine Rolle.

3.10 Ich, Ich, und noch mal Ich oder: me, myself and I

»Ich bin unzufrieden mit dem Job. Es gibt immer noch keinen Eistee. Obwohl ich schon zweimal gesagt habe, ich möchte Eistee.«

Praktikantin im Konzern, sechsundzwanzig Jahre

»Die sind so ich-orientiert«, so ein Vater der Babyboomer-Generation. Tja, wahrscheinlich ist das wahr – oder zumindest empfinden ältere Menschen das sehr stark so.

Ich bin unzufrieden mit dem Job. Es gibt immer noch keinen Eistee. Obwohl ich schon zweimal gesagt habe, ich möchte Eistee.

Praktikantin

»Meine neunzehnjährige Tochter lädt sich Freundinnen zum Backen ein. Die kommen, stellen ihre Alexa auf – der Lärm ist im ganzen Haus zu hören.« Soweit – so normal. Wahrscheinlich mussten sich immer schon viele junge Generationen auch über die von ihnen gehörte Musik abgrenzen.

»Mein Problem ist, dass sie nicht daran denken, nach dem Backen die Küche aufzuräumen.« Und hier liegt wahrscheinlich ein echter Unterschied: Das hätte man früheren Generationen nicht durchgehen lassen. Backen gerne – aber ihr räumt danach die Küche auch auf.

Das ist heute eben eine Generation von gefühlten Einzelkindern. Heute sagen die Eltern nichts mehr, sondern räumen die Küche selbst auf. Verhätschelte Kinder, alles wird ihnen nachgesehen, also verhalten sich einige von ihnen immer egozentrischer. Immer wilder müssen auch Erlebnisse sein, damit sie noch einen Kick auslösen. Die zurzeit gerade angesagten Schlamm-Challenges sind nur eine Zwischenstufe.

Pogen, eine Art Steigerung in Ektase vor der Bühne. Eng, dicht, Gedränge. Ursprünglich bestand der Pogo-Tanz Ende der 1970er nur aus unkontrolliertem In-die-Luft-springen. Doch mit der immer aggressiveren Musik, die sich aus dem Punkrock entwickelte, wurden auch die Bewegungen zu der Musik immer heftiger. Besonders in der Hardrock-Szene setzte sich zum Beispiel auch das Slamdancing durch.

Rock am Ring Festival.

»Eigentlich gilt eine Art Ehrenkodex, der verlangt, auf Schwächere Rücksicht zu nehmen, Gestürzten sofort wieder auf die Beine zu helfen und niemanden absichtlich zu gefährden. So ist auch auf großen Konzerten mit vielen Menschen zu beobachten, dass sofort ein großer Kreis gebildet wird, um einen Gestürzten wieder aufzurichten. Mitunter werden kurze Blicke oder ähnliche Gesten ausgetauscht, wenn sich Tänzer beim Pogo unabsichtlich zu hart treffen oder aus Versehen jemandes Gesicht oder ähnlich verletzliche Stellen treffen. Das Unterlassen solcher Gesten wird jedoch auch als Aufforderung zu härteren Tanzarten verstanden.« (Quelle: Wikipedia zum Thema Pogo)

»Aggressives Verhalten gibt es sehr selten und wird meist von Stärkeren unterbunden. Zusammen mit dem Ehrenkodex führt das dazu, dass ernsthafte Verletzungen selten sind. Besonders hoch ist das Verletzungsrisiko beim Wrecking, der Wall of Death und vor allem beim Violent Dancing. Während es beim normalen Pogo und Slamdance oft zu blauen Flecken und Prellungen und nur selten zu schwerwiegenderen Verletzungen kommt, sind diese dort häufiger anzutreffen.« (Quelle: Wikipedia ebenda)

Immer wieder kommt es dann auch zu Knochenbrüchen. Nach intensivem Alkoholgenuss und noch intensiverem Pogen auch erste Zusammenbrüche.

Plötzlich ein Asthma-Anfall und anschließender Zusammenbruch wegen Staub von Holzspänen auf der Tanzfläche. Obwohl das schwere Asthma seit langem bekannt ist, ist kein Notfall-Medikament dabei. Der Notarzt intubiert noch im Schlamm. Glück gehabt – überlebt. War aber wirklich knapp. Niemand, der ihr mal die Leviten liest, dass sie mit starkem Asthma betrunken im Holzstaub umherspringt. Alle sind lieb und zeigen Verständnis. Freunde besuchen die Tänzerin im Krankenhaus. Direkt vom Festival. Große Schlammbrocken werden dabei durch das ganze Haus verteilt. Kein Problem – die Putzfrauen machen das doch sicher gerne weg. Erst vor der Intensivstation beendet jemand beherzt den Schwachsinn der Verdreckung des ganzen Krankenhauses.

Kein Problem, sind halt etwas ich-orientiert die Kids. Die Eltern sind tiefenentspannt, ratlos oder nicht eingeweiht. Oder alles gleichzeitig.

3.11 Junge Menschen sind heute permanent von Schwachsinn umgeben

Ein beliebiger Tag im Sommer 2018. Aus einer beliebigen deutschen Zeitung: *»Elfe, Trolle, Tod – Niedersachsen diskutiert über seine gefährlichste Autobahn«*

Die *Süddeutsche Zeitung* berichtet (alles ganz ernst): Die Tragödien (auf der Autobahn A2. Anmerkung des Verfassers) sind auch der Grund, weshalb die niedersächsische Landesbehörde für Straßenbau und Verkehr eine selbst ernannte Expertin für Trolle, Elfen und Zwerge zurate zog sowie eine Frau, die mit Tieren zu sprechen glaubt. Durch gutes Zureden sollten an den einschlägigen Passagen der Unfallserie Wildschweine oder Fabelwesen beruhigt werden. Das Publikum staunte, die Politik bestellte die Beamten umgehend zum Rapport. Das Verkehrsministerium in Hannover »hält Spiritualität nicht für ein geeignetes Mittel, um den Straßenverkehr sicherer zu machen«.

Das ist ja noch lustig.

Jörg Häntzschel schreibt in der *Süddeutsche Zeitung online* am 09. August 2018 unter dem Titel: *Die Verschwörung hinter der Verschwörung*: »Immer wenn man in diesen Zeiten denkt, die maximale Dehnbarkeit der Vorstellungskraft sei erreicht, stellt man fest, nein, es geht noch seltsamer. Eben erst hatte man mit Mühe als Tatsache akzeptiert, dass sich Zehntausende Trump-Anhänger mit der QAnon-Bewegung identifizieren. Die Wortkreation ist aus dem Phantomnamen Q und anonymous gebildet. Die Mitglieder der Bewegung glauben, Barack Obama betreibe mit Hillary Clinton und halb Hollywood einen Kinderhandel-Ring; Trump wurde ihrer Meinung nach vom Militär eingesetzt, um dieses geheime Netz zu zerschlagen; die Russland-Verwicklungen Trumps wurden nur erfunden, um vom eigentlichen Ziel von Sonderermittler Robert Mueller abzulenken: Hillary Clinton und George Soros, die einen Staatsstreich planen. Und nun liest man staunend, dass es ein linksradikales Autorenkollektiv aus Bologna sein soll, das QAnon gestartet haben soll - und zwar um die irrlichternden Trump-Fanatiker vorzuführen.«

Das ist dann nicht mehr ganz so lustig, wenn man daran denkt, wie viele Menschen solchen oder ähnlichen Schwachsinn glauben. Leider bereitet der Quatsch den Nährboden vor, auch im realen Alltag immer mehr Blödsinn ungefragt zu akzeptieren.

Beim Thema Lebensmittel kann man das gut sehen: Viele Menschen glauben Worten wie »Mindestens haltbar bis« nicht mehr und glauben und handeln stattdessen: »Sofort tödlich ab«.

Ich gebe Seminare im Schulungszentrum eines großen Konzerns. Das Catering übernimmt eine outgesourcte Firma.

Immer wieder fällt mir auf, dass die gelieferten Essensmengen viel zu groß sind. Es wird aufgefahren wie auf einer Hochzeit der Sechzigerjahre. Nur das heute das ganze Zeug später weggeworfen wird.

Ich spreche die jungen Mitarbeiterinnen und Mitarbeiter der Catering-Firma mehrfach darauf an, ob sie nicht mal eine Rückmeldung an die verantwortlichen Personen geben wollen. Die verstehen mein Problem überhaupt nicht. »Soll ja auch keiner verhungern.« Sie lächeln verunsichert und werfen es weg.

Ich will gar nicht wissen, wohin die Auswirkungen des Anwender-erklären-Anwendern-Prinzips noch führen. Was beim Heimwerken oder Gitarre spielen lernen ganz unbestritten positive Auswirkungen hat, ist beim Besuchen von Doktor Google (»Oh Gott, ich hab sicher Typhus«) oder beim Zum-ersten-Mal-Eltern-werden etwas ganz anderes. Und da habe ich an Sender wie RTL2 mit seiner Dauerschwachsinnsberieselung noch gar nicht gedacht.

Vielleicht kommt es auch durch diese Einflüsse dazu, dass viele junge Menschen den älteren desinteressiert erscheinen. Ein Inhaber einer Kette großer Fitnessstudios über seine jungen Mitarbeitenden: »Die Aufmerksamkeitsspanne ist gering und das Wissbegierige ist nicht da.«

Ein junges Paar auf der Rheinpromenade: »Oh Gott, es hat sich die Füßchen freigestrampelt. Es ist ihm bestimmt zu warm. Mirko, halt, wir müssen den Lüftungsschlitz aufmachen. Jetzt! Nein, nein, es kann nicht warten. Mach jetzt den Lüftungsschlitz auf! Stop! Nicht so weit. Jetzt friert er bestimmt gleich. Mach ihn wieder ein bisschen zu«. Fünf Minuten lang immer hin und her. Ich bewundere die Nerven des jungen Familienvaters mit seiner ebenso offensichtlich zur Hysterie neigenden, nicht mehr ganz so jungen Frau.

Angespannt sein ist ja nicht tragisch. Aber gleich so am Rad drehen ohne Anlass? Wie weit färbt der Drama-Queen-Unsinn aus YouTube eigentlich ab?

Aber: Sie kann wenig dafür. Die Ende Dreißigjährige hatte eben keine drei kleinen Geschwisterchen, sondern war wahrscheinlich Einzelkind. Noch vor hundert Jahren war sie mit vierzehn Jahren üblicherweise in der Kindererziehung durch praktische Ausbildung meist schon sehr fit und überwiegend sehr gelassen.

Noch vor fünfzig Jahren hatte sie wahrscheinlich mit Anfang zwanzig normalerweise wenigstens einige praktische Erfahrungen durch Geschwister oder Cousins und Cousinen.

Heute ist sie mit dem ersten Kind mit Ende dreißig keine Besonderheit mehr. Und wird – statistisch gesehen – auch nur 1,4-mal das Muttersein erlernen können.

4.
Einflussfaktor
Schule und Hochschule

Grundschüler aus der dritten Klasse zur Lehrerin: »Ich habe jetzt auch einen YouTube-Kanal.«

Lehrerin: »Ah – und was zeigst du da? Wie Du auf der Couch sitzt und Chips isst?«

Schüler: »Ja.«

Wahrscheinlich war Lehrer immer schon ein anspruchsvoller Beruf. Um Kinder zum Beispiel heutzutage zum Lesen zu bewegen, werden – das gab es früher auch schon – extrinsische Motivatoren eingesetzt.

»Immer wenn meine Tochter etwas richtig gelesen hat, bekommt sie eine Perle. Aus mehreren dieser Perlen fügt sich dann eine Raupe zusammen. Sie ist ganz stolz, wenn sie die meisten Raupen hat«, sagt eine Seminarteilnehmerin, als das Gespräch in der Pause auf das Thema Schule kommt.

So weit, so gut.

Nicht alle Kinder sind nur aus sich selbst heraus neugierig und intrinsisch motivierbar. Fleiß-Bienchen zur Incentivierung sind daher ein sehr altes Instrument der Pädagogen. Allerdings wird ihre Arbeit durch die gesellschaftlichen Veränderungen immer schwerer, wenn nicht in Teilen sogar unmöglich.

Der vollständige Verzicht auf zu erreichende Mindeststandards, die durchgängige Orientierung am schwächsten Glied und nicht an einem mit etwas Anstrengung gut erreichbaren Durchschnittsleistungsniveau ist ein zentrales Problem heutiger Pädagogik.

Nicht aus der Sicht der Pädagogen betrachtet – denn die haben dadurch inzwischen unendliche Betätigungsfelder. Sondern aus der Sicht derjenigen, die mit den Produkten dieser Bildungssysteme hinterher irgendeine Form von Leistung erbringen wollen oder müssen.

Wenn jemand heutzutage etwas nicht schafft, ist es nicht mangelnde Begabung, sondern mangelnde Förderung. Nicht der Lernende war unaufmerksam, unintelligent oder faul, sondern der Lehrer hat es nicht verstanden, den Stoff anschaulich, interessant und unterhaltsam zu vermitteln. Die Lehrer müssen sich (und sollen es heute ja auch) insbesondere um die Schwächsten kümmern. Das kostet allerdings viel Zeit und hemmt gleichzeitig den möglichen Fortschritt der anderen. Natürlich ist Inklusion sinnvoll und vernünftig. Aber nicht ohne spezielles Personal und nicht zulasten der schulischen Entwicklung der anderen Kinder.

Normale Grundschule, kein sozialer Brennpunkt. Sogar die Inklusion von Kindern mit körperlichen Behinderungen klappt – dank des Einsatzes aller Beteiligten – ganz gut. Ein massiveres Problem für die Schulen sind häufig die wenigen schwer verhaltensauffälligen Kinder, im internen Lehrer- und Kinderpsychiatriecode mit ES (Emotionale Störung) betitelt.

Der kleine Junge schreit immer wieder ohne Unterbrechung, schlägt um sich und ist über Stunden nicht zu beruhigen. Schon diese einzige Einzelsituation zeigt: Das Kind gehört auf keinen Fall in eine normale Schule. Es behindert die anderen Kinder beim Lernen oder traumatisiert sie mit seinem Verhalten sogar. Es kommen jedoch andauernd solche Szenen. Nur die Wahrnehmungsfähigkeit der Mutter ist etwas eingeschränkt: »Mein Kind ist nicht emotional auffällig« – Verweigerungshaltung, anstatt das Offensichtliche wahrzunehmen. Stattdessen eine Dienstaufsichtsbeschwerde gegen die Rektorin. Leider auch noch, zu allem Unglück, eine rückgratlose Schulrätin, die nur beschwichtigt und alles vermeiden will, was Öffentlichkeit produziert. Weil ihr öffentlicher Ärger in ihrem System viele Probleme macht und jede Menge unangenehme Fragen produziert. Das Kind terrorisiert Lehrer, Mitschüler und Eltern alle vier Grundschulklassen lang. Kein Einzelfall. Das ganze System aus hilflosen Helfern ist ohnmächtig.

4.1 Play soft

Die Schulpädagogik wurde immer stärker zum Experimentierfeld. Ob Mengenlehre oder Kompetenzorientierung, Inklusion ohne entsprechend qualifizierte oder vorhandene Pädagogen oder die Reformpädagogik: Mit immer schneller aufeinanderfolgenden Methoden wird versucht, den Schülern ein adäquates Bildungsniveau zu verpassen, sie werden dabei aber immer stärker auch als Versuchskaninchen missbraucht.

Leider hat sich dabei nicht ein ganzheitlicher, sondern ein behavioristischer Ansatz der Reiz-Reaktionskopplung weitgehend durchgesetzt. Es geht inzwischen bei der Bildung im Wesentlichen darum, Leistungspunkte und Credits zu erwerben, Kompetenzen aufzubauen und Zertifizierungsstellen zu durchlaufen. Der Schock der Pisa-Ergebnisse sitzt tief. Alles muss inzwischen positiv verstärkt werden und jeder bekommt eine Auszeichnung. Grenzen aufzuzeigen fällt Eltern und Pädagogen heute gleichermaßen schwer.

Dieses konsequenzbegrenzte Verhalten führt im schulischen Alltag dazu, dass die Grundschule heute weite Themenfelder der elterlichen Erziehung nacharbeiten muss, sonst ist mit der Anzahl der Kinder pro Klasse kaum ein geordneter und sinnvoller Unterrichtsablauf machbar.

In vielen Grundschulen hängen daher heute große Tafeln mit Regeln, deren Inhalt ältere Menschen verwundert. Es sind einfachste Regeln des Zusammenlebens (Ich soll nicht schubsen! Ich soll andere Kinder nicht an den Haaren ziehen!) und sollten eigentlich mit dem Eintritt ins Schulalter bekannt und beherrscht sein.

Sind sie aber nicht. Die Lehrerin sagt, man verbringe vor der Tafel immer wieder Zeit, um Regeln zu erinnern oder nochmals zu erklären. Die Lehrer können heute viel weniger implizites Wissen und Können über Umgang miteinander und akzeptables Verhalten als früher voraussetzen. Daher müssen in der Schule Grundregeln des Verhaltens eingeübt werden, die früher die Eltern oder Großeltern übernommen haben.

Wir kommen beim Thema »Was bedeuten diese Veränderungen für das Führungsverhalten« noch auf diesen Punkt zurück.

Das überschreitet auch stellenweise die Grenze zur Pervertierung.
Ein Vater im Seminar: »Mein Sohn (acht), der bei seiner Mutter in Toronto aufwächst, ist ein kleiner Schläger. Immer wenn ihm was nicht passt, haut er einfach zu. Niemand in der Schule gebietet ihm Einhalt. Wenn er mal – aus welchen Gründen auch immer – eine Woche etwas braver ist, bekommt er eine Urkunde mit dem Text: Du hast weniger geschlagen als sonst. Das finden wir toll.«

4.2 Es werden keine Autoritäten mehr akzeptiert

»Es braucht ein ganzes Dorf, um ein Kind zu erziehen.«

Aus Afrika

Irgendwo, auf dem langen Weg durch die Institutionen, ist der Respekt vor Autoritäten gründlich verloren gegangen.

Polizist – geht's noch? »Eintreiber indirekter Steuern durch moderne Geschwindigkeitskontrollier-Wegelagerei«, »Schaffen nichts außer Jammern gegen immer weiter steigende Einbrüche«, »Bürokraten im Schreibstubenwahn«.
Lehrer? »Ach quatsch. Schon keine Respektsperson mehr seit dem Zweiten Weltkrieg.«
FH-Professor? »Praktiker, bei dem es für eine echte akademische Laufbahn nicht gereicht hat.«
Uni-Ordinarius? »Na ja, inzwischen kann man ja die Noten auch mit denen verhandeln.«

Mag sein, dass die Kinder der Altachtundsechziger die kritische Respekt-losigkeit schon am Abendbrottisch aufgesogen haben. Aber so gar keinen Respekt mehr vor der Leistung oder der Kompetenz und den Erfolgen von anderen zu haben? So ganz selbstständig und völlig ohne Ahnung beurtei-len zu wollen, ob und warum man jemanden respektiert?

Ich habe in einem alten Hallenbad schwimmen gelernt. Das Hallenbad hat-te eine Gewölbedecke, es hallte sehr schön. Wenn man im Hallenbad pfiff, hörte man das sehr gut. Irgendwann – nach mehreren Ermahnungen – reichte mein Gepfeife dem Sportlehrer und er hat mir eine geklebt (um circa 1975).
Ich ging nach Hause und berichtete diesen Vorfall am Mittagstisch. Ich bin absolut kein Anhänger der autoritären Erziehung. Meine Eltern auch nicht. Noch 1950 hätte ich möglicherweise bei dem Bericht zu Hause direkt noch eine geklebt bekommen mit den Worten: »Hier hast du gleich noch eine, du hast viel zu wenige davon bekommen«.
Meine Mutter meinte allerdings nur: »Na, da wirst du ihn wohl gehörig ge-nervt haben«. Und das war's dann. Kein Anwalt, keine Sitzung der Schul-pflegschaft, kein Beschwerdebrief zum Rektor. Die Kirche blieb im Dorf. Das Kind auch.

Eine meiner Kolleginnen ist erfolgreiche Motocross-Fahrerin. Sie veranstal-tet in ihrer Freizeit Lehrgänge, um Kinder an dieses – von der notwendigen Koordination der Bewegungsabläufe her anspruchsvolle – Hobby heranzu-führen.

Wenn sie den Kindern heute sagt: »Mach es bitte so ...«, fangen viele Kin-der an zu diskutieren. Das ist ihnen ja auch beigebracht worden. »Ja, aber mein Papa hat gesagt, dass dieses und jenes ...«.

Es erst einmal so zu machen, wie es die augenscheinlich viel erfahrenere und kompetente Ausbilderin sagt (sonst wäre sie ja nicht Ausbilderin) – egal. Der Papa kommt dazu und beschwert sich, dass sein Junge es so machen kann, wie er will.

Als für die Sicherheit der Kinder verantwortliche Person lässt sich meine Kollegin nicht von ihrer klaren Denke abbringen.

Auf die Bemerkung: »Es handelt sich um einen Lehrgang. Da wird es so gemacht, wie es der Trainer sagt«, packt der Papa seine Sachen.

»Sie können meinem Jungen doch keine Anweisungen geben!«

Die 120 Euro Lehrgangsgebühr sind egal, Papa und Sohn brechen den Lehrgang beleidigt ab. Der Rest ist Kopfschütteln.

Wenn heute irgendetwas nicht gut geklappt hat (Schulnoten, Streit unter Mitschülern, et cetera), müssen halt die Eltern ran und es wieder geradebiegen. Leider bestehen inzwischen viele Eltern auch darauf, sich aktiv hineinzudrängen. Im Kindergarten, in der Kita. In der Grundschule und auf dem Gymnasium. Inzwischen auch in der Uni. Das Kind wird in der Schule mehrfach geschubst – sofort gibt es Gespräche mit den Lehrern. Eine Idee wäre, dem Kind mal beizubringen, zurückzuschubsen.

Das Kind wird von der neuen Klasse nicht sofort akzeptiert – die Eltern können es kaum ertragen und überlegen sofort aktive Maßnahmen, weil es der heranwachsenden Tochter verständlicherweise mal ein paar Tage nicht so gut geht.

Das Kind muss sich aber eine Clique suchen, die zu ihr passt und zu der sie passt. Das dauert, ist auch nicht immer angenehm, bleibt aber im ganzen Leben dauerhaft wichtig. Denn dann ist Mami nicht mehr immer da.

Wenn der Nachwuchs das funkelnagelneue Mofa nach zwei Wochen kaputt fährt, ist heute halt der Papi dran, der wird es schon wieder richten.

Sie können meinem Jungen doch keine Anweisungen geben!

Vater zur Trainerin

Die Lösung selbst zu bewirken, etwas zu tun, um das Geld zusammenzubekommen, um das Mofa reparieren zu lassen oder jemanden aus der eigenen oder einer älteren Clique zu finden, der ein wenig technisch bewandert ist: keine Option.

Ein Gefühl dafür zu entwickeln, wie lange man bei McDonalds für 8,70 Euro arbeiten muss, um die 500 Euro für die Reparatur zusammenzubekommen: macht keinen Sinn.

4.3 Wir sind vollständig in der Breitenförderung angekommen

Mein Freund Dirk sitzt sonntags bei mir zuhause am Küchentisch. Er ist Lehrer der Sekundarstufe II an einer Gesamtschule, deutsche Mittelstadt.

»Ich hab letzte Woche eine Deutschklausur gelesen, fünf DIN-A4-Seiten, ein Aufsatz. Einhundertzwanzig Orthografiefehler.« Er fragt mich: »Was, glaubst du, was kriegt der für eine Note?«
Ich sage: »Na, eine 5– und wenn der Inhalt zum Niederknien ist, von mir aus eine 4–, mit Rücksicht auf die Eltern.«
Dirk schüttelt bedächtig den Kopf, als ob er einem kleinen Kind oder senilen Menschen etwas erklären wolle.
»Eine zwei«, sagt er dann.
Ich sage: »Du hast sie nicht alle. Spinnt ihr? Wir müssen hinterher mit denen arbeiten. Die müssen Briefe an Kunden schreiben und auch selbst rausschicken, ohne dass jemand die gegenliest. Wir stellen doch schon seit einigen Jahren fest, dass die jungen Berufsanfänger immer schlechter Rechtschreibung beherrschen.«
»Tja«, sagt er, »meine Noten werden gemonitort. Ich darf nicht zu viele schlechte Noten geben, sonst kommt jemand aus der unteren Schulaufsichtsbehörde und spricht mit mir intensiv darüber, ob ich nicht mit Schülern umgehen kann. Wir haben zwar keine Lehrer an der Schule und

es fallen ohne Ende Stunden aus, aber der Behörde geht es ganz gut. Die haben jede Menge Leute, die sich um diese Controlling-Themen kümmern.«

»Chancengerechtigkeit wird heute gern als Ergebnisgleichheit ausgelegt«, schreibt der Philosoph Konrad Paul Liessmann in seiner Analyse in seinem Buch *Bildung als Provokation* (2017). Aus seiner Sicht kann das auch dazu führen, auf dem Niveau der Schwächsten zu landen. Er kenne tatsächlich Eltern, denen von Pädagogen empfohlen wurde, nicht mit ihren Kindern zuhause zu lesen, da sonst »der Vorsprung gegenüber den Schwächsten zu groß werde«.

4.4 Everybody get's a trophy oder: Alle sind super!

»Meine Tochter hat eine 0,8 im Abi!«

Ein ungläubig-erstaunter Vater

Schulnoten würden immer besser, die Anforderungen an Schülerinnen und Schüler immer niedriger, kritisierte der Präsident des Deutschen Lehrerverbands, Josef Kraus 2016. »Ich habe Sorge, dass die Abiturzeugnisse entwertet werden.«

Und – da sprechen wir nicht über die Erfolge der elektronischen Lösungsunterstützung bei Klassenarbeiten und Abiturprüfungen durch das allzeit vorhandene Handy. Sondern über die Tendenz von Lehrern, einfach immer bessere Noten zu geben, um Konflikte mit Eltern, dem Kollegium oder kontrollierenden Schulaufsichtsbehörden sanft auszuweichen.

Tatsächlich wurde laut *Spiegel Online* die Note 1,0 der KMK-Statistik (siehe folgende Tabelle) zufolge in einigen Bundesländern deutlich öfter verteilt, als noch vor rund zehn Jahren. In Berlin lag der Anteil der 1,0-Abiturienten zuletzt bei 1,6 Prozent (2006: 0,3). In Bayern beispielsweise wurden aber ebenfalls öfter Einsen vergeben und der Anteil der 1,0er-Abiturienten lag im vergangenen Schuljahr sogar noch etwas höher als in der Hauptstadt: 1,9 Prozent.

So viele Schüler haben eine 1,0 (Anteil im Ländervergleich in Prozent)

Bundesland	Anteil 2015	Anteil 2006
Baden-Württemberg	1,30	1,79
Bayern	1,90	0,95
Berlin	1,60	0,30
Brandenburg	2,20	0,70
Bremen	2,00	1,25
Hamburg	1,70	1,04
Hessen	1,60	0,94
Mecklenburg-Vorpommern	2,10	1,19
Niedersachsen	0,80	0,49
Nordrhein-Westfalen	1,50	0,74
Rheinland-Pfalz	1,00	0,60
Saarland	1,80	1,46
Sachsen	1,40	0,83
Sachsen-Anhalt	1,60	1,13
Schleswig-Holstein	0,90	0,41
Thüringen	3,10	1,52

Kraus Kritik, so verlautet es bei *Spiegel Online*, wonach es von Bundesland zu Bundesland starke Unterschiede beim Notenschnitt gebe, und zwar bis zu einer halben Zensur, stimmt. Dies führe zu Ungerechtigkeiten bei der Vergabe von Studienplätzen nach Numerus clausus, mahnt der Verbandspräsident. Er forderte deshalb weitere Schritte in Richtung Zentralabitur.

Ein ähnliches Bild an den Hochschulen: »In ganz vielen Fächern gibt es nur noch Bestnoten«, so der Präsident des Hochschulverbandes Bernhard Kempen in einem Gespräch mit *Die Welt* 2016. »Er beklage die Inflation sehr guter Noten an den Unis.«

Die Welt: »Die Hochschulen verteilen doch nur noch Einsen. Wenn jemand die Noteninflation zu verantworten hat, dann doch sie.«

Kempen: »Es ist wahr: In ganz vielen Fächern haben die Kollegen die Neigung, nur noch Bestnoten zu vergeben. Das ist eine fatale Entwicklung. Ich appelliere, die Notenvergabe gründlich zu überdenken und sich innerhalb der Fachgesellschaften auf eine andere Notensprache zu besinnen, die das Bewertungsspektrum abdeckt. Noten müssen ihre Aussagekraft behalten.«

Auf die Frage von *Die Welt*, dass es gerade in den Massenfächern das Gerücht gibt, die Professoren würden angehalten, auszusortieren, antwortete er in dem Interview: »Wir sortieren nicht aus, allerdings werden wir von der Politik gerügt, wenn wir zu wenig aussieben. Richtig ist zudem, dass in einigen Fächern Abiturienten ankommen, die gar nicht studierfähig sind, obwohl sie sehr gute Noten haben. Gerade in Mathematik hapert es gewaltig.«

Kempen: »Oft müssen die Universitäten den Unterricht der Oberstufe nachholen. Das ist bestürzend. Auch hier wäre eine stärkere Koordination zwischen Schule und Universität wünschenswert. Eine Art Konsens darüber, was die eine Seite von der anderen erwartet.«

Nur selten platzt Kennern der Szene so öffentlich der – lange angestaute – Kragen, wie im offenen Brandbrief der Bildungspolitiker Lange (CDU), Voges (SPD) und Jungkamp an das Magazin *Die Zeit* im Januar 2018. Sie forderten die Verantwortlichen Kolleginnen und Kollegen der Konferenz der Kultusminister auf, endlich für mehr Vergleichbarkeit zu sorgen.

Bei Abiturnoten, der Lehrerbildung, deren Besoldung und dem Thema Schulpflicht.

Man kann den Vätern des Grundgesetzes – die noch unter dem schlimmen Eindruck der schulischen Gleichschaltung in der Nazi-Zeit standen – nicht vorwerfen, dass sie einen neuerlichen Versuch jeder Gleichschaltung wirksamer als durch alles andere verhindert haben:

Durch entfesselte föderale Bürokratie. Denn dafür waren sie nun wirklich nicht verantwortlich.

4.5 Wer will noch Lehrer werden?

Im August 2018 meldet der Deutsche Lehrerverband, dass fast vierzigtausend Lehrer an deutschen Schulen fehlen. Besonders an Grund- und Förderschulen sei die Lage dramatisch.

»Einen derart dramatischen Lehrermangel hatten wir in Deutschland seit drei Jahrzehnten nicht mehr«, sagte der Präsident des Verbands, Heinz-Peter Meidinger, der *Passauer Neuen Presse*.

Das ARD *Morgenmagazin* meldet am 20. August 2018: »Derzeit seien rund zehntausend Lehrerstellen nicht besetzt. Dazu kämen etwa dreißigtausend Stellen, die notdürftig mit Nicht-Lehrern, Seiteneinsteigern, Pensionisten und Studenten besetzt würden.

Besonders kritisch sei die Situation an Grund- und Förderschulen. »Da ist in fast allen Bundesländern die Entwicklung verschlafen und seit Jahren nicht auf den Geburtenanstieg reagiert worden«, kritisierte Meidinger. »Das ist ein Skandal. In Berlin sind 70 Prozent der neu eingestellten Lehrer im Grundschulbereich Seiteneinsteiger ohne jegliche pädagogische Vorbildung.«

Das Thema Verrentung der Babyboomer-Generation zeichnet sich ja auch erst seit circa fünfunddreißig Jahren deutlich ab. Hat aber augenscheinlich niemand auf dem Schirm.

tagesschau.de, das Online-Portal der Tagesschau bringt vier Tage vorher einen Bericht mit dem Titel: »Zwei Wochen Crashkurs – und dann Lehrer. Obertitel: Ich wurde verheizt.« So läuft es im Moment mehr oder weniger bundesweit.

»Jede besetzte Stelle ist besser als eine unbesetzte Stelle«, heißt es aus der Senatsverwaltung für Bildung, Jugend und Familie in Berlin. So wird gerechtfertigt, dass der Anteil an Lehrern ohne Lehramtsausbildung in Berlin besonders hoch ist. Weniger als 40 Prozent der neu eingestellten Lehrer haben im Schuljahr 2018/2019 eine reguläre Lehrerausbildung.

Der Rest sind Quereinsteiger oder Lehrkräfte ohne volle Lehrbefähigung, sogenannte LovLs. Bei Letzteren handelt es sich – so *tagesschau.de* – meist um Lehrer aus Willkommensklassen, die in den regulären Unterricht wechseln.

Der Anteil bei den Grundschullehrern ist noch viel höher. In Berlin haben lediglich 30 Prozent bei den Neueinstellungen überhaupt eine Lehramtsausbildung. Und nur zwölf Prozent sind regulär für den Grundschulunterricht ausgebildet. Markus Hanisch von der Gewerkschaft Erziehung und Wissenschaft (GEW) findet das besorgniserregend. »Gerade dort, wo pädagogische Fähigkeiten besonders gefragt sind, ist der Anteil der Quereinsteiger am höchsten.«

Die Frage, warum denn der Beruf Lehrer so deutlich an Attraktivität verliert, sollte den Staat intensiv beschäftigen. Im *Morgenmagazin* kommt an diesem Tag ein echter Lehrer zu Wort. Er schildert, dass Lehrer heute unter ganz anderen Bedingungen arbeiten müssen, als zu denen sie ausgebildet wurden. Immer mehr Tätigkeiten nebensächlicher Art würden auf die Kolleginnen und Kollegen abgewälzt und hielten diese davon ab, sich ihrer Erziehungsaufgabe zu widmen. Manche der Kinder seien vernachlässigt und haben starke emotionale Störungen. Zum Teil mutieren Kolleginnen und Kollegen dadurch zwangsweise zur Ersatzmama und zum Ersatzpapa.

Als Arbeits- und Organisationspsychologe weiß man, wo solche Entwicklungen enden: Schlecht ausgebildet für die Anforderungen des Jobs, in Schnellkursen umlackiert, wird mit viel Enthusiasmus gestartet. Aber die dauernde Überforderung ohne geeignete Ausbildung bei vielfach fehlenden Mitteln und Möglichkeiten, adäquat auf die schwieriger werdenden Situationen zu reagieren, wird die Burn-out-Rate der Quereinsteiger hochschnellen lassen und die Ausfallzeiten maximieren.

Um irgendwie für Bewerber attraktiv zu bleiben, wird auch heutzutage noch verbeamtet was das Zeug hält. Auf den ersten Blick für den Dienstherren günstig, ist später mit Ausfallquoten von einer ganzen Anzahl verbeamteter Lehrer zu rechnen, die sicher nicht nur auf die zweifellos vorhandenen und problematischen psychischen und körperlichen Belastungen der Tätigkeit zurückzuführen sind. Das Beamtentum verpflichtete zu Bismarcks Zeiten Menschen zu einer bestimmten Wertewelt und gestand ihnen im Gegenzug für Treue und Verpflichtung eine lebenslange Alimentierung – für die damalige Zeit etwas sehr Wertvolles – zu. Auf welche Werte verpflichtet es heute?

4.6 Die Wahlmöglichkeiten machen es den Studenten nicht einfacher

Es gibt so viele Studenten wie nie zuvor, melden die Hochschulen erfreut. 2,8 Millionen, dreimal so viele wie vor vierzig Jahren. Das große Versprechen der liberalen Bildungsgesellschaft erfüllt sich: Jeder kann es heute schaffen.

Aber was eigentlich?

Es gibt 2017 neunzehntausend! (ich kann das immer noch nicht glauben) unterschiedliche Studiengänge in Deutschland. Studierende können heute Designpädagogik, Vegane Ernährung oder Ressourcenmanagement für Entwicklungsförderung studieren.

Die unzähligen Möglichkeiten machen es den Jugendlichen allerdings nicht leichter. Viele scheitern partiell oder dauerhaft an genau diesen schier unendlich scheinenden Möglichkeiten. Kein Wunder, dass manche von ihnen dann im frühen Verlauf der beruflichen Entwicklung Geschwindigkeit rausnehmen und verlangsamende Runden drehen.

Die dreiundzwanzigjährige Praktikantin berichtet, dass sie über ein halbes Jahr ihren Eltern und Freunden auf den Wecker ging, ob sie von der privaten Fachhochschule A im zweiten Mastersemester noch mal zur privaten Fachhochschule B wechseln solle oder nicht. Immer wieder schwankte sie hin- und her und wechselte zigmal ihre Meinung. Am Ende habe keiner mehr Lust gehabt, ihr zuzuhören.

Ob die starke Spezialisierung der Studiengänge für die entsprechenden Berufe gut oder weniger gut vorbereitet, kann ich nicht beurteilen.

Aber dass die einen immer kleineren Ausschnitt betrachtende Mikroorientierung der Studiengänge auf die immer komplexeren, zusammenhängenden und unsicherheitsbehafteten beruflichen VUCA-Welten gut vorbereitet und selbstständig weiterentwickelbare, gedankliche Schemata zum Verständnis immer komplexer werdender Arbeitswelten mitgeben, erscheint mir oft mehr als fraglich.

> **VUCA** ist ein Akronym (das ursprünglich durch das US-Militär geprägt wurde) für die schwer überschaubare Situation, mit der sich Unternehmen heute und auch zukünftig konfrontiert sehen. VUCA steht dabei für:
>
> **V** olatility (Volatilität)
> **U** ncertainty (Unsicherheit)
> **C** omplexity (Komplexität)
> **A** mbiguity (Ambiguität)

Dabei gibt es eigentlich nichts Praktischeres, als eine gute Theorie. Mit einer solchen kann man sich nämlich viele weitere und bislang unbekannte Situationen und Sachverhalte erklären. Dumm, wenn die nicht mehr oder nicht ausreichend vermittelt werden.

In meiner Wahrnehmung führt die immer stärkere Anwendungsorientierung und immer rudimentärere Theorievermittlung zu immer schwächer werdenden Übertragungsleistungen von Erlerntem auf neue und unbekannte Sachverhalte. Ich habe die Befürchtung, dass viele junge Absolventen auf der Ebene der Phänomene stehen bleiben. Wenn das sich ihnen zeigende Problem genau zu der gelernten Lösung passt, dann klappt's. Sonst wird es schwierig, wenn nicht gar unmöglich.

Die Geisteswissenschaften sind nach wie vor bei den Studenten am beliebtesten. So weit, so schön.

Die für die Digitalisierung unverzichtbaren MINT-Fächer (Mathematik, Informatik, Naturwissenschaft und Technik) wollen im Wintersemester 2017/2018 fünf Prozent weniger als noch im vorherigen Jahr studieren.

Emoji mit weit aufgerissenen Augen.

4.7 Wir erleben die Entwicklungen, aber sehen wir sie auch als Konsequenzen vorheriger Entwicklungen?

Stress haben viele Jugendliche heute bereits genug. Schon Teenager verspüren heute einen Druck zur biografischen Selbstoptimierung.

Selbstoptimierung

Der Begriff der Selbstoptimierung entstammt im Original dem Self Improvement, in wörtlicher Übersetzung also der: Selbstverbesserung und wurde einhergehend mit der Entwicklung von Messgeräten im Sportbereich (Beispiele: Schrittzähler, Smart-Watch), von Apps oder anderen Gadgets im Laufe der letzten Jahre immer populärer).

Das unter diesem Druck und den scheinbar unbegrenzten Möglichkeiten auch die Ansprüche und die Angst zu versagen wachsen, ist verständlich. Manche junge Menschen verweigern dann irgendwann jede Verantwortung für sich und andere und ziehen den Stecker.

»Das sind keine Einzelfälle aufgrund schwieriger persönlicher Biografien«, sagt Holger Salge, Chefarzt an der Sonnenbergklinik in Stuttgart im Gespräch mit einer österreichischen Zeitschrift. Eines der Spezialgebiete des Psychoanalytikers ist die Arbeit mit Menschen, die im schmerzhaften Prozess des Erwachsenwerdens stecken geblieben sind und den Abschied von den inneren und den realen Eltern nicht vollziehen. »Wir begegnen diesem Phänomen zunehmend und in zunehmend dramatischer Form«, sagt Salge. Beeindruckend sei dabei die Konsequenz der Verweigerung. »Man kann die Eltern nicht mehr quälen und ihnen nicht mehr zumuten, als die eigenen Möglichkeiten nicht zu nutzen.«

Wenn der eigene Nachwuchs nicht weiterkommt, werden schnell das Schulsystem, das heutige hektische Leben oder sonstige externe Gründe verantwortlich gemacht. Salge überzeugen solche Argumente nicht. Seiner Meinung nach hat die Haltung der Elterngeneration sich geändert: »Mütter studieren mit ihren Töchtern halb mit, fragen sie ab wie zu Schulzeiten und klagen, was das vermeintlich arme Kind noch alles leisten muss.« Er sagt: »Viele Eltern seien heute überidentifiziert. Sie erledigen alles, mischen sich viel zu viel ein. Da machen Kinder ein Auslandsjahr in Neuseeland und zu Weihnachten fliegen die Eltern hinterher«, kritisiert Salge die Unfähigkeit, einmal loszulassen: »Man muss nicht ständig in Verbindung sein, mailen oder skypen.«

Bereits 2009 wies der psychologische Studienberater Michael Egeri in der *Zeit Online* auf die deutlichen Anstiege des Beratungsbedarfs in der psychologischen Beratung der Ruhr Universität Bochum zwischen 10 und 20 Prozent im Vergleich zu 2007 hin. Ihm fiel auf, dass immer mehr Studierende kamen, die es nicht schafften, den schnellen Takt zu halten. Er meinte, früher wären es eher Studierende gewesen, die gewusst hätten, dass sie geschlampt haben oder denen die Motivation fehlte. Inzwischen kämen viele völlig verzweifelt an und sagen: »Wir kommen einfach nicht mehr hinterher.« (*Zeit Online*, 2009)

Aus einem entsprechenden internen Beratungsangebot der Ruhr-Uni Bochum für Studienberater, wissenschaftlichen Assitent(innen) und Professor(innen):

»Mit der Einführung der Bachelorstudiengänge haben Studierende zunehmend Schwierigkeiten, den Takt zu halten. Oftmals stehen nicht mehr nur Fragen der Selbstorganisation bei relativ wenig Vorgaben oder Motivationsprobleme im Zentrum. Stattdessen geraten Studierende unter Druck, weil sie den vorgegebenen Veranstaltungstakt aufgrund unterschiedlicher Problemlagen nicht entsprechen können. Nicht selten führt dies zur vorzeitigen Aufgabe des Studiums. Darüber hinaus sind Angststörungen und leichte bis mittelschwere Depressionen oft Ursache für eine Verzögerung des Studienverlaufs. Zukunftsängste und Erschütterungen, ausgelöst etwa durch nicht bestandene Prüfungen, erhöhen den Druck, der auf den Studierenden lastet. Durch die schnelle Taktung des Bachelor-Systems haben Versagenszeiten im Semester häufig weitreichende Konsequenzen.«

Vorgestellt wird der Arzt-Report der Barmer Ersatzkasse 2018. Der Chef der Barmer, Christoph Straub, erläutert, dass knapp eine halbe Millionen der Studierenden in Deutschland psychisch krank sei.

Aus der Pressemitteilung: »Immer mehr junge Erwachsene leiden unter psychischen Erkrankungen wie Depressionen, Angststörungen oder Panikattacken. Allein zwischen den Jahren 2005 bis 2016 ist der Anteil der Achtzehn- bis Fünfundzwanzigjährigen mit psychischen Diagnosen um 38 Prozent und darunter bei Depressionen um 76 Prozent gestiegen. Diese Zahlen stammen aus dem *BARMER-Arztreport 2018*, der heute in Berlin vorgestellt wurde. Demnach ist selbst bei den Studierenden, die bislang als weitgehend gesunde Gruppe galten, inzwischen mehr als jeder Sechste (17 Prozent) von einer psychischen Diagnose betroffen. Das entspricht rund 470.000 Personen.«

Er meint: »Vieles spricht dafür, dass es künftig noch deutlich mehr psychisch kranke junge Menschen geben wird. Gerade bei den angehenden Akademikern steigen Zeit- und Leistungsdruck kontinuierlich, hinzu kommen finanzielle Sorgen und Zukunftsängste. Vor allem mehr niedrigschwellige Angebote können helfen, psychische Erkrankungen von vornherein zu verhindern«, so Prof. Dr. Christoph Straub, Vorstandsvorsitzender der BARMER. Weiter steht in der Pressemitteilung: »Ältere Studierende sind besonders gefährdet.«

Bei Studierenden steige mit zunehmendem Alter das Risiko für eine Depression deutlich. Im achtzehnten Lebensjahr erkrankten 1,4 Prozent der Studierenden erstmals an einer Depression, bei den Nicht-Studierenden seien es 3,2 Prozent. Gut zehn Jahre später liege der Anteil bei den Studierenden bei 3,9 Prozent und bei den Nicht-Studierenden bei 2,7 Prozent. Ältere Studierende seien somit besonders gefährdet.

Sicher hat der sich deutlich abzeichnende Anstieg psychischer Erkrankungen bei jungen Menschen auch mit der besseren Akzeptanz psychischer Störungen in der Gesellschaft zu tun. Möglicherweise haben wir die Leistungsgesellschaft aber auch etwas übertrieben.

Konnte Student früher noch die äußeren Umstände, das System oder den Muff von tausend Jahren unter den Talaren mitverantwortlich machen und die eigenen Ansprüche damit etwas in Grenzen halten, dass bestimmte Dinge eben nicht zu leisten gewesen seien, so suggeriert der heutige Zeitgeist, dass alles möglich sei, man müsse es nur genügend wollen.

Heute sind junge Menschen für Erfolg und Misserfolg ganz alleine verantwortlich. Es hängt alles nur noch von ihnen selbst ab. Und so leisten und leisten sie, bis über die Grenze der eigenen Selbstschädigung hinaus. Diese hängt heute aus benannten Gründen allerdings oft deutlich tiefer als früher.

5.
Was machen diese Einfluss-faktoren mit jungen Menschen?

5.1 Die Jugend von heute strebt nach Spaß und Selbstverwirklichung

Die im Rahmen der McDonald′s Ausbildungsstudie 2017 *Job von morgen! Schule von gestern. Ein Fehler im System?* vom Institut für Demoskopie Allensbach durchgeführte Repräsentativbefragung zeigt es in Zahlen: Das Wichtigste im Leben von jungen Menschen ist Spaß haben und das Leben genießen wollen (50 Prozent der Befragten, 6 Prozent mehr als 2013). Dagegen ist Erfolg im Beruf nur noch für 37 Prozent der Befragten wichtig (6 Prozent weniger als 2013).

Arbeitslosigkeit kennen die Jugendlichen nur aus Erzählungen, der Blick in die Zukunft ist optimistisch. Die Chancen, einen guten Job auf dem Arbeitsmarkt zu bekommen, sind – unterstützt durch den demografischen Wandel und die dadurch stark abnehmende Konkurrenzsituation – sehr gut.

Die Forscher führen diese Effekte auf die gute wirtschaftliche Gesamtsituation zurück, die auch die entsprechenden Einstellungen beeinflusse. Das sind die – im Grunde ja sehr positiven – Effekte von langandauerndem, sich über Generationen aufbauendem Wohlstand.

Das große Ziel ist Selbstverwirklichung, so scheint es.

Möglicherweise tun sich auch deshalb die klassischen Parteien mit dem Nachwuchs so schwer, obwohl sich Organisationen wie Greenpeace, Attac et cetera über mangelnden Nachwuchs nicht beklagen können.

Der Parteienforscher Peter Niedermeyer in der *Süddeutschen Zeitung* am 23.01.2018: »Die jungen Leute wollen die Welt retten, stattdessen müssen sie sich (bei den Parteien (Anmerkung des Verfassers)) auf lokaler Ebene mit dem Abwasserzweckverband herumschlagen.«

Michaela Schwinn, die Autorin des Beitrags *Zur Demo statt zur SPD* in derselben Ausgabe schreibt etwas bissig zur Mitarbeit in alternden Parteien und regional orientierten Aktivitäten: »... was zwar eine sehr konkrete Form der Weltrettung sein mag, aber in einer zunehmend auf Events ausgerichteten Generation noch nicht unmittelbar verfängt«.

5.2 Die immer stärkere Akademisierung steigert die Erwartungen und den Fachkräftemangel

Die europaweit beneidete Möglichkeit des dualen Studiums und die starke Fachhochschulisierung haben unter anderem dazu geführt, dass viel mehr Menschen als früher einen akademischen Abschluss anstreben und realisieren.

Leider werden damit bei den Absolventen auch entsprechende Erwartungen geweckt, von denen wir heute noch nicht sicher sein können, ob der Arbeitsmarkt diese Akademiker-Schwemme auch wirklich aufnehmen kann und wird.

Dafür hat das Handwerk inzwischen irrsinnige Schwierigkeiten. Ein Freund berichtet: Ich sitze mit dem Vorsitzenden der Kreishandwerkerschaft zusammen. Er sagt: »Von einhundert Lehrlingen, die anfangen, brechen in manchen Gewerken neunzig die Ausbildung ab. Und von den zehn, die die Ausbildungen bis zum Schluss durchhalten, schaffen sieben die Prüfung nicht. Viele Handwerker schrumpfen sich inzwischen auf kleinere Größen zurück, weil sie einfach keine Leute in der benötigten Qualität mehr finden.«

Klar. Wer will heute schon noch, dass sein Kind Koch oder Bäcker wird? Obwohl die handwerklichen Tätigkeiten zu vielen Menschen besser passen als das akademische Arbeiten und inzwischen möglicherweise sogar die besten Zukunftsoptionen sind, die man Kindern in unserer heutigen Gesellschaft mitgeben kann.

Ein Freund (etwas stolz-leidgeprüft): »Meine Frau hat inzwischen zu ihrem eigenen noch zweimal das Abitur und einmal die komplette Schreinerausbildung samt Prüfung zum Gesellen gemacht. Die kann seit dieser Zeit fantastisch mit Holz umgehen, genauso gut wie mein Junge«.

Leider führt die zunehmende Akademisierung in bestimmten Berufsgruppen auch noch zusätzlich dazu, dass immer weniger Menschen in der eigentlichen wertschöpfenden Kerntätigkeit arbeiten.

Beispiel Pflegenotstand

Seit Jahren fehlen Pflegekräfte in deutschen Krankenhäusern. Mit immer intensiveren Personalmarketingmaßnahmen wird landauf, landab und inzwischen auch europaweit versucht, die überall immer weiter zutage tretenden Lücken zu stopfen.

Die Bemühungen der Pflegeorganisationen sind gleichzeitig stark darauf ausgerichtet, die Pflege auf Augenhöhe mit dem ärztlichen Bereich zu bringen.

So weit, so richtig. Es ist gut, wenn Menschen, die eine anspruchsvolle dreijährige Ausbildung gemacht und dann im Laufe ihres Berufslebens viel Erfahrung gewonnen haben, nicht von anderen Berufsgruppen dominiert werden, sondern ihren werthaften Beitrag zur Pflege und Gesundung von Menschen auch selbst definieren und erbringen können.

Das Phänomen der Mehr-Säulen-Bildung (Ärzte, Pflege, Therapeuten, Verwaltung) führt – zusätzlich verstärkt, da viele Krankenhäuser in öffentlicher Trägerschaft sind – zu den typischen Problemen von Verwaltungen. Es steht bei vielen Entscheidungen das Interesse der funktionalen Säule und nicht das des Patienten oder wenigstens des gesamten Hauses im Vordergrund. Ein sich immer stärker aufblähender Wasserkopf und der Aufbau unsinniger Parallel-Hierarchien in den Krankenhäusern ist die Folge.

Eine sinnvolle Matrix-Organisation, also eine quer zu den funktionalen Ebenen aufgebaute Hierarchieebene, die Interesse und Verantwortung für den möglichst patientenorientierten und effektiven Durchlauf der Patienten durch das Haus hat, habe ich bisher noch in keinem Krankenhaus gesehen.

Immer mehr Menschen arbeiten gar nicht konkret in der Pflege, sondern in pflegefernen Koordinations-, Ausbildungs- oder Einsatzsteuerungsrollen. Ob Pflegekoordinator, Bettenmanagement oder Praxiseinsatzleiterin: Dies sind alles Rollen, die in den letzten Jahren dazu gekommen sind, obwohl hauptsächlich Menschen fehlen, die am Bett arbeiten und Zeit für die Patienten haben.

Die weiter zunehmende Verwissenschaftlichung der Pflege führt dazu, dass immer mehr Pflegekräfte tolle Titel tragen und ihre Rolle darin verstehen, anderen Pflegekräften zu erklären, wie Pflege funktionieren sollte. Dass junge Menschen (insbesondere Ärzte und Pflege) diesen ineffizienten verwaltoiden Sinnverhinderungsbetrieb nicht attraktiv finden, ist eine logische und zwangsläufige Folge.

Beratern, die viel für und mit Pflegeorganisationen in Krankenhäusern arbeiten, macht eine Pflegeoffensive vom Bundesgesundheitsminister eher Angst. Er kommt dann auch vorhersehbar schnell auf die ganz intelligenten Ideen. Jens Spahn, am 20. September 2018: »Wenn von einer Millionen Pflegekräften hunderttausend nur drei, vier Stunden mehr pro Woche arbeiten würden, wäre schon viel gewonnen.«

Dass viele Pflegekräfte inzwischen nur noch Teilzeit arbeiten, liegt häufig an den katastrophalen Zuständen in den Strukturen. Sie schaffen einfach nicht mehr. Übrigens nicht nur, weil es im Krankenhaus so schlimm geworden ist. Sie erinnern sich an die abnehmende Resilienz.

Wenn von einer Millionen
Pflegekräften hunderttausend nur
drei, vier Stunden mehr pro Woche
arbeiten würden, wäre schon viel
gewonnen.

Jens Spahn, Bundesgesundheitsminister

Dass von vorherigen Bundesregierungen die Teilzeitarbeit (»Ich kann nur jede zweite Woche montags den Spätdienst übernehmen«) massiv gepusht wurde, vergisst er auch.

Dass Pflegedirektionen und Stationsschwestern und -pfleger landauf, landab schon seit zehn Jahren nicht mehr wissen, wie sie mit dem ganzen Teilzeithorror bei Wunschdienstplänen und irrwitzigen Krankenstandsraten fertig werden sollen – geschenkt.

Die Pflegeinitiative des Bundesgesundheitsministers wird – bei den aktuell im Krankenhaus vorherrschenden Strukturen – also wahrscheinlich dazu führen, dass sich die Administration und die sich immer weiter ausdifferenzierende Hierarchie besser bezahltes Missmanagement produzieren und gleichzeitig, – weil eben immer noch vor Ort, auf der Station und am Bett die Menschen fehlen – letztendlich weniger und weiter schlechter werdende menschliche Behandlung und Pflege produzieren.

Beispiel Fachhochschulen

Ob das akademische Lernen im Sinne des selbstständigen Erarbeitens von umfassenden Themenfeldern und das Gewinnen einer selbst erarbeiteten und durchdachten Haltung an Fachhochhochschulen noch genügend Raum finden, darf bei der Tendenz zur immer stärkeren Verschulung eher bezweifelt werden.

Noch bis Mitte der Achtzigerjahre brauchte eine Jung-Studentin oder ein Jung-Student etwa vier bis sechs Wochen am Anfang eines Studiums an einer deutschen Hochschule, um sich selbst gemeinsam mit Kommilitoninnen und Kommilitonen im Unibetrieb – quasi als Vorbereitung für das kommende akademische Leben – überhaupt irgendwie zurecht zu finden. Das würde heute bei den verdichteten Lern-Programmen und den oft gerade erst etwas selbstständig werdenden siebzehnjährigen Studienanfängerinnen und -anfängern wahrscheinlich nur noch schwerlich gelingen, was aber als solches sicher kein großes Problem darstellt.

Das Phänomen war zwar schon damals auf mangelnde Organisation des akademischen Bildungsbetriebes zurückzuführen, aber die Menschen waren eben häufig noch gewohnt, sich selbst zu helfen.

Ich habe allerdings damals keine Kommilitoninnen oder Kommilitonen weinend vor den aushängenden – natürlich völlig unsynchronisierten – Seminar- und Vorlesungsangeboten gesehen.

Dafür sind aber einige Professoren heute viel unterstützender als damals. Die immer weitergehende Verschulung der akademischen Ausbildungseinrichtungen führt erfreulicherweise an manchen Stellen auch zu viel persönlicherer Betreuung:

Eine meiner Kolleginnen unterrichtet an einer FH mehrere Fächer.
Ihr Dekan berichtete ihr von einem Studenten, der nicht zur Prüfung erschienen sei. Er habe daraufhin bei dem Studenten angerufen, weil er sich gefragt habe, was denn passiert sei. Das ist doch sehr nett.

Meine Kollegin etwas konsterniert: »Als ich studiert habe, wusste der Dekan nicht mal, dass es mich gab.« Das wirkt rückblickend zwar etwas traurig, war aber früher völlig normal.

Ob allerdings die Selbstständigkeit und die psychische Widerstandskraft davon profitiert, dass Studenten an Universitäten (ob applied science oder nicht) bis Ende zwanzig weiter im Helikoptereltern-Bekümmerungsmodus verweilen darf und nicht nur zuhause, sondern auch in den Bildungseinrichtungen immer weniger Konsequenzen des eigenen Handelns akzeptieren muss, können wir getrost bezweifeln. Die Steigerung der Verschultheit bei gleichzeitiger Absenkung der Anforderungen hat eben nicht nur unproblematische Effekte.

5.3 Alle sind inzwischen so schnell zufrieden

Ein Unternehmer im grafischen Gewerbe: »Mein Sohn hat an der Uni etwas über Wachstumsraten von Unternehmen gelernt. Er fragt mich: ›Papi, wie sind den eigentlich deine Wachstumsraten?‹

Unser Unternehmen gibt es länger als hundert Jahre. Es hat fast dreihundert Mitarbeitende und hat in den hundert Jahren seines Bestehens jedes Jahr einen Gewinn abgeworfen. In unserer Branche gibt es seit zwanzig Jahren – bedingt durch die frühe und fortschreitende Digitalisierung – für viele Betriebe einen harten Überlebenskampf, der zu Überkapazitäten und zum Sterben vieler Organisationen führt. Manche Unternehmen suchen ihr Heil in Größe und versuchen durch Zusammengehen und Fusionen zu überleben. Unser Unternehmen ist trotz der lange anhaltenden Krise jedes Jahr überdurchschnittlich gewachsen.

Ich sage ihm, dass wir aktuell mit zwei bis drei Prozent wachsen. Er ist enttäuscht und findet es uncool.

Ich frage ihn: ›Schatz, hat der Professor euch auch erzählt, dass es neun von zehn Start-ups nicht schaffen?‹

Verstört schaut er mich an.«

Inzwischen sind beliebige Mengen Informationen zu allem und jedem Thema zu finden. Schnell stellen sich Augenschein-Erfolge nach kurzer Recherche im Internet ein. Sehen gut aus, sind aber häufig eben nur Teaser.

Themen, die – wie das Durcharbeiten von Fachbüchern – Zeit und Mühe brauchen, werden inzwischen auf breiter Front eher gescheut. Junge Berufsanfänger müssen im Arbeitsleben an Medien wie Bücher herangeführt werden. Eine Aufgabe, die früher die vorgelagerten Bildungsinstitutionen übernommen haben.

»Ich bin kein Hörbuch«, höre ich eine Oberärztin bei der Visite sagen und grinse in mich hinein. Scheinbar hatte da jemand gerade die Grenze ihrer Toleranz überschritten.

»Wissen Sie«, sagt sie zu den sie umrundenden jungen Ärztinnen und Ärzten, »sorgen Sie bitte mal selbst dafür, dass Sie das selbstständig nacharbeiten. Ich sage Ihnen gerne, was sie lernen sollten, aber das Durcharbeiten, das müssen Sie schon selbst machen«.

Ich bin mir nicht sicher, wie dieser deutliche Appell zur Selbstverantwortung aufgenommen wird. Ich weiß aber, dass sich ein ganzer Teil der umherstehenden Studentinnen und Studenten bei dem Begriff »Durcharbeiten« etwas vollständig anderes vorstellt als die Oberärztin. Die geht mit ihrer Sozialisation von gestern nämlich eigentlich davon aus, dass die angehenden Ärzte sich ein Buch schnappen und die gesehenen Fälle eigenständig nacharbeiten. Sie wird inzwischen aber regelmäßig enttäuscht.

Richtig und wichtig ist das nicht nur in den freien Berufen.
Einen Job kann man vielleicht lernen, wenn man etwas Vorgekautes nachbetet. Einen Beruf durchdringt man so nicht. Und eine Profession wird schon lange nicht daraus.

Wir arbeiten als Beratung unter anderem an der Konzentration, Verdichtung und adressatengerechten Reduktion von Sachinhalten. Weil es inzwischen nicht nur Vorständen (das ist schon lange so), sondern auch Verwaltungsleitern, Krankenpflegern und Schadensachbearbeitern kaum mehr zugemutet werden kann, sich mal länger als drei Minuten mit einem Thema konzentriert auseinanderzusetzen.

In Organisationen führt unter anderem auch diese Entwicklung dazu, dass immer mehr Überlegungen zum Thema Gamification angestellt werden. Da die Konzentrations- und Fokussierungsspanne nicht mehr ausreicht, müssen die Aufgaben eben entsprechend reduziert oder incentiviert angepasst und auch spielerisch aufbereitet dargeboten werden.

Warum nicht? Wenn es dazu führt, dass Menschen sich mit etwas mehr Aufmerksamkeit einem Thema widmen.

Einer meiner Freunde hat allerdings eine ganz andere, eher klassische Vorstellung von Gamification. Er lacht, als ich ihn nach dem Befinden seines Sohnes frage. Ob dieser immer noch monatelang in Computerspielen mit wachsender Begeisterung Trolle verhaut, will ich wissen. »Keine Ahnung«, meint er. »Er hat nach dem Abitur angefangen, zuhause rumzuhängen. Das klappt aber mit mir nicht. Entweder studieren oder eine Ausbildung. Aber er war sich noch zu unklar. Jetzt macht er erst mal ein Praktikum. In Glasgow. Hotel. Drei Monate. Ernst des Lebens spüren und so.«

There is no free lunch.

6.
Wie sind denn diese Generationen?

6.1 Ist eine Einteilung nach Generationen überhaupt hilfreich?

Das Thema wird beschrieben, studiert und analysiert: Die jungen Generationen Y, Millenials oder Z und die neuen Anforderungen, die an Führungskräfte und Ihre Mitarbeiterführung gestellt werden. Kaum hat man eine Studie gelesen, die die Andersartigkeit der nachwachsenden Generationen belegen will, erscheint schon eine neue.

Wir glauben nicht, dass man wirklich allgemeingültige Aussagen über ganze Generationen von Jugendlichen machen kann. Die inter-individuellen Unterschiede sind viel größer als die soziometrisch erfassbaren Mittelwertverschiebungen von verhaltens- oder arbeitsbezogenen Präferenzen.

Tendenzaussagen lassen sich aus den Generationeneinteilungen allerdings schon ableiten. Und die sind für sich auch schon interessant. Sie sagen aber nichts über einzelne Menschen.

Wer ist die Generation Y?

Zu der Generation Y gehören diejenigen Mitarbeiterinnen und Mitarbeiter, die in den Achtziger- und Neunzigerjahren (1981 bis circa 1997) des vergangenen Jahrhunderts geboren wurden und zwischen 2015 und 2020 in der Phase sind, zu heiraten, Kinder zu bekommen und Karriere zu machen.

Man nennt sie Y, weil es im Englischen ausgesprochen wird wie why, also: warum.

Warum? Weil sie alles hinterfragen. Diese Generation ist damit aufgewachsen, dass sie schon immer eine Wahl hatten. Von ihren Eltern (deren Aufmerksamkeit war ihnen jederzeit gewiss) gefördert und für jede Handlung gefeiert, durften sie bereits mitbestimmen, wohin der nächste Urlaub gehen sollte, was Mutti auf den Tisch bringen durfte oder wann der Sonntagsbesuch bei Oma beendet war oder nicht.

Also: Sich frei entfalten und verwirklichen zu können, wurde ihnen bereits in ihrer Kindheit angewöhnt und stellt als logische Konsequenz heute eine der Grundanforderungen an ihren Arbeitsplatz dar. Arbeit als Leidenschaft und Selbstverwirklichung, nicht als Job, der die Miete zahlt.

Der Wunsch nach flexiblen Arbeitszeitmodellen, um im Privatleben in nichts zurückstecken zu müssen, ist zudem so groß, dass bei Nichterfüllung ein Unternehmen auch ohne zurückzublicken von ihnen wieder verlassen wird. Empfinden sie die Bedingungen allerdings als gut und erkennen sie in ihren Aufgaben einen Sinn, wird den Angehörigen der Generation Y generell eine Leistungsbereitschaft nachgesagt.

Dazu kommt, dass die Kinder der Generation Y als erste mit digitalen Medien aufgewachsen sind, weshalb sie auch als Digital Natives (Digitale Eingeborene) bezeichnet werden. Sie nutzen diese sehr umfassend und für sie gibt es meist keine Trennung mehr von realer und virtueller Lebenswelt. Es ist für sie selbstverständlich und notwendig, dass diese auch an ihrem Arbeitsplatz zur Verfügung stehen und genutzt werden dürfen. Digitale Medien und das Internet sind dabei gleichzeitig Zugang zu Netzwerken (beruflich und privat), Möglichkeit des sozialen Austauschs, Quelle von Informationen und Plattform zum Wissensaustausch.

Generation	Silver Liner	Babyboomer
Zeitraum	1923 bis 1945	1946 bis 1964
Alter im Jahr 2018	71 bis 95 Jahre	52 bis 72 Jahre
Population (weltweit)	0,3 Mrd.	1,1 Mrd.
% der Weltpopulation	5	15
Weltereignisse	Erster und Zweiter Weltkrieg; erste Kernspaltung; elektronische Haushaltsgeräte	Kalter Krieg; Mondlandung; Erfindung des Transistors
Kommunikationsformen	Briefe	Telefon
Schlüsseltechnologien	Auto	TV
Hobbys	Lesen	Fernsehen
Digitale Leistungsfähigkeit	Prädigitales Zeitalter	Digitale Immigranten
Symbolfigur	Hermann Hesse	Albert Einstein
Musik	Jazz; Swing	Elvis; Beatles
Fortbewegungsmittel	VW Käfer	SUV
Soziale Netzwerke	Face-to-Face	Telefon
Tiefste Angst	die Zukunft	Aufmerksamkeitsverlust
Frage nach dem Lebensinhalt	Wie konnte es in unserem Land so schieflaufen?	Finde ich eine sichere Arbeit?
Wohlbefinden	dauerhafte Aggressivität	Protest und Idealismus
Worauf sie abfahren	Gesundheit	Comics und Fernsehen

Generation X	Generation Y	Generation Z
1965 bis 1980	1981 bis 1997	1998 bis 2018
36 bis 53 Jahre	19 bis 37 Jahre	0 bis 20 Jahre
1,5 Mrd.	2,0 Mrd.	2,4 Mrd.
20	27	32
Ende des Kalten Krieges; Fall der Berliner Mauer; erster Heimcomputer	9/11 Anschlag; Irak Krieg; Beginn von Social Media	Weltwirtschaftskrise; Arabischer Frühling; Globalisierung
E-Mails; SMS	Chats	Emojis
Computer	Smartphone	VR
Surfen im Internet	Videospiele	Musik-Streaming
Digitale Früh-Anwender	Digitale Eingeborene	Digital Angeborene
Willy Brandt	Marc Zuckerberg	Malala, BibisBeautyPalace
Nirvana; Madonna	Britney Spears; Justin Timberlake	Justin Bieber; Ed Sheeran
Fahrrad; Auto	VW Golf	Familienauto
LinkedIn	Facebook; Tinder	Snapchat; Instagram
Terrorismus	Studiengebühren	0 % Akku
Was ist der Sinn? Sinnhaftigkeit?	Wie verwirkliche ich mich selbst?	Wo finde ich Sicherheit und Stabilität?
ADHS	Gluten-Unverträglichkeit	vegane Ernährung
Nena Konzerte	Gameboy	YouTube

Charakterisierungen der Generation Y:

Stärken	Schwächen
leistungsorientiert	wollen ständiges Feedback
arbeiten gut im Team	brauchen detaillierte Beschreibungen der Aufgabe und Zielvorgaben
können gut mit Technik umgehen	erwarten persönliche Betreuung
arbeiten lösungsorientiert	neigen zur Selbstüberschätzung
multitaskingfähig	

Wer ist denn die Generation Z?

Der Generation Y folgt (dem Alphabet folgend) die Generation Z. Zu der Generation Z gehören die ab dem Jahr 1998 Geborenen, die heute in der Ausbildung sind, studieren oder die ersten Schritte auf dem Arbeitsmarkt machen. Auch diese neue Generation wuchs in einem besonderen Kontext auf: Sie standen ständig im Mittelpunkt, wurden einbezogen, motiviert, gelobt, ihr Selbstbewusstsein wurde gefördert. Sie sind gut darin, offen ihre Meinung zu vertreten und Kritik anzubringen.

Zwar wünscht sich auch die Generation Z eine starke und positive Feedbackkultur, doch wer weder von Eltern noch von Lehrern Korrekturen und Grenzen erfahren hat, kann häufig mit Kritik nicht gut umgehen.

Hat die Generation Y in ihrem Beruf noch eine gewisse Berufung gesucht (zumindest zu Beginn), verhält sich die Generation Z viel distanzierter. Der Arbeitgeber hat häufig keinen besonders hohen Stellenwert, auch das konkrete Arbeitsklima und direkte Arbeitsumfeld verlieren an Bedeutung. Wie auch die Generation Y werden sie leichten Fußes weiterziehen, wenn ihnen irgendetwas nicht passt.

Statt leistungsorientierter Bezahlung wird häufig ein Festgehalt bevorzugt, am liebsten mit Wachstumsgarantie. Eine Arbeit im öffentlichen Dienst, abgesichert und in der Karriere vorhersehbar, steigt wieder an Attraktivität.

Menschen der Generation Z sind im direkten Vergleich zur vorherigen Kohorte häufig etwas bodenständiger, realistischer und auch pragmatischer. Da man schon früh über alles Mögliche informiert ist und das Einholen von allen Informationen so einfach ist (»Google das doch bitte mal«, »Bei Wikipedia steht aber …«, »Hier check ich alles«) bleibt häufig wenig Raum für Fantasie.

Die zu der Generation Z gehörenden Menschen waren schon im frühen Kleinkindalter mit Smartphones oder Tablet-PCs in Kontakt, weshalb digitale Technologien beruflich wie privat völlig selbstverständlich genutzt werden und oft auch nicht mehr großartig reflektiert werden.

Sie sind seit dem Kindesalter Teil der Digital Natives, im Unterschied zu der Generation Y, die erst im jugendlichen Alter zum Beispiel Touchscreens kennenlernten. Sie nutzen Laptops, Smartphones, Tablets und so weiter, um Informationen schnell zu beschaffen und zu teilen.

Eine Chance, wahrgenommen zu werden, haben aber nur noch die Informationen, die wirklich interessieren. Denn wer jederzeit und überall erreichbar ist und mit Informationen überflutet wird, hat keine Zeit für lange Aufmerksamkeitsspannen.

Getreu ihrem Motto YOLO (You only live once) strebt die Generation Z nach maximaler Freiheit und hohem Freizeitanteil.

Das kann zu Widerständen gegen alte Strukturen, Regeln und Ansichten führen (»Ich lasse mir doch von dir nicht vorschreiben, wie ich meine Arbeit zu erledigen habe!«, »Das ist doch total old-fashioned hier.«, und so weiter). Dazu kommen der Wunsch nach einem pünktlichen Feierabend und die Ablehnung der Arbeit im Homeoffice mit ständiger Erreichbarkeit. Es sollte pünktlich mit der Arbeit Schluss sein. Fördert man ihre persönliche Entfaltung, ihren Wunsch nach Flexibilität und Eigenständigkeit und schafft es dann noch, Sinn in spannenden Projekten zu stiften, erntet man aber auch bei der Generation Z durchaus Willen und Hingabe an die Sache.

Charakterisierungen der Generation Z:

Stärken	Schwächen
äußern ihre Meinung und Kritik ohne Scheu	erwarten eine hohe Aufmerksamkeit für ihre Bedürfnisse
realistisch	wenig kritikfähig
pragmatisch	illoyal
arbeiten selbstverständlich mit digitalen Medien	brauchen viel Sicherheit
wünschen sich starke/positive Feedback-Kultur	wollen maximale Freiheit und Freizeit
	erwarten klare Trennung von Arbeit und Freizeit

Wie unterscheiden sich Generation Y und Generation Z?
Im Grunde spiegeln sich im Wesentlichen die gesellschaftlichen Entwicklungen und Veränderungen in den Bedürfnissen, Wünschen und Vorstellungen junger Generationen wieder. Der Wunsch, auch – im Verständnis der Älteren – gegensätzliche Anforderungen erfüllt zu bekommen, wird dabei immer größer. Auch das ist wahrscheinlich eine ganz normale gesellschaftliche Entwicklung in einer Wohlstandsgesellschaft.

»Instant schlank ohne Mühe.«
»Sparen Sie sich reich.«
»Wohlhabend ohne Anstrengung.«
»Bio – aber in Plastik verpackt.«

»Fünfsternehotel für 300 Euro/Woche«

»Streng vegan leben, aber einen katastrophalen ökologischen Footprint durch Interkontinentalreisen.«

»Geiz ist geil.«

»Ich will alles und zwar jetzt.«

Ja, sicher.

Diese Dilemmata spiegeln sich entsprechend in den beruflichen Wünschen junger Menschen wider:

- Sicherheit im Job bei gleichzeitig gutem Verdienst
- Sinnhaftigkeit und hohe Ansprüche
- Selbstverwirklichung und das bei durchaus konservativen Studiengängen (wie etwa BWL und Jura)
- Zeit für Familie und Freunde und interessante Herausforderungen im Job
- Karriere gerne, aber nicht bei viel Anstrengung

Junge Menschen suchen heute generell danach, dass ihre Arbeitstätigkeit von ihnen als sinnvoll empfunden wird. Sie erwarten auch entsprechend angepasste Freiräume, um sich ausprobieren zu können.

Vergleichbar ist bei beiden Generationen die Suche nach Möglichkeiten, mehr Zeit mit Familie und Freunden verbringen zu können.

Bei der Generation Z scheint es allerdings noch etwas anspruchsvoller zu sein. Die durchschnittliche Karriereorientierung ist geringer und auch die Bereitschaft, sich überdurchschnittlich einzubringen, etwa durch mehr Zeiteinsatz in Form von Überstunden ist noch geringer als bei der Generation Y. Die Erwartungen an die Jobsicherheit sind höher und die Trennung zwischen Beruflichem und Privatem noch strikter als bei der Generation Y. Genug Geld zur Erfüllung des einen oder anderen Lebenswunsches sollte der Job allerdings doch abwerfen. Dieses Thema steht bei einigen Untersuchungen bei der Generation Z wieder höher auf der Prioritätenliste als bei der Generation Y. Sowohl die Generation Y als auch X stellen hohe Ansprüche an klassische Unternehmen und Arbeitgeber.

Die zunehmende Internationalisierung hilft dabei, auch außerhalb unseres Kulturraums verschiedene Arbeitsmentalitäten kennen und schätzen zu lernen. Mit dem möglichen »Nachteil«, zu lernen, dass man auf dieser Welt Dinge auch anders als »deutsch« regeln kann und sie trotzdem gut oder sogar besser funktionieren. Ein dreifacher Familienvater: »Die Volatilität der Sichtweisen ist heute viel größer als früher. Das ist sicher auch ein Effekt der viel größeren Aktionsradien der heutigen Ausbildungen und Studiengänge.«

6.2 Die zunehmende Digitalisierung wird bei den Jugendlichen mit einem weiteren Wertewandel einhergehen

Mit der Digitalisierung der Industrie verändern sich zwangsläufig auch die Arbeitsbedingungen. Es kommt die nächste große industrielle Revolution. Körperlich anstrengende Arbeit wird weiter zunehmend automatisiert und als nächstes sind anstrengende Kopfarbeiten dran (technische Zeichner, Baustatiker et cetera.)

Eine Vielzahl von Dienstleistungen wird heute schon – und morgen erst recht – durch entsprechende Software gestützt oder gar substituiert. Besonders für Wissensarbeiter ergeben sich aus der weltweiten, digitalen Vernetzung ganz neue Freiheiten hinsichtlich des Arbeitsortes als auch der Arbeitszeit, zu der eine bestimmte Leistung erbracht wird.

Die Hauptsaison des klassischen Angestelltenjobs im immer gleichen Büro scheint zumindest für diese Zielgruppe vorüber. Damit einhergehend scheinen sich auch die Ansprüche an Arbeit und Leben zu verändern. Themen wie Selbstverwirklichung, Sinn-Erleben, Flexibilität und ausgewogene Work-Life-Balance rücken in den Vordergrund.

Der Generation Y (zwischen 1981 und 1997 geboren) mag dabei eine besondere, in Gang bringende Rolle zugekommen sein. Die Angehörigen dieser Gruppe, die bereits mit digitalen Medien aufgewachsen sind, kennen nur eine Welt, in der sich die analoge Realität mit virtuellen Inhalten und Erfahrungen vermischt. Dementsprechend fordern sie auch zunehmend eine größere Flexibilität und Souveränität hinsichtlich des Arbeitsorts und der Arbeitszeit. In Anbetracht des voranschreitenden Fachkräftemangels und einer weit weniger autoritären Erziehung als früher, fordern sie diese neuen Arbeitsbedingungen auch selbstbewusst ein.

Zentrale Themen stellen den Wunsch nach größerer Mitbestimmung bei abteilungs- oder unternehmensrelevanten Entscheidungen, der Übernahme von mehr Verantwortung für die eigenen Leistungen und Ergebnisse, Freiheit und Selbstbestimmung bei der Arbeitsgestaltung sowie inhaltliche Selbstverwirklichung als Priorität vor einer klassischen Karriere.

Dennoch wäre die Annahme, dass alle jungen Menschen gleichermaßen nur nach Selbstverwirklichung und maximaler Flexibilität bei der Ausübung ihrer beruflichen Tätigkeit streben, zu verallgemeinernd.

Anhand von Forschungsergebnissen konnte die nextpractice GmbH unter der Leitung des leider sehr früh verstorbenen Prof. Dr. Kruse zeigen, dass zumindest die Generation Y über keinen Konsens innerhalb ihrer Wertewelt verfügt. Im Rahmen einer Befragung unter jungen Führungskräften zeigte sich, dass nur die Hälfte nach Freiheit und kreativer Autonomie strebt und dabei Hierarchien und eine langfristige Bindung an ein Unternehmen kategorisch ablehnt. Die andere Hälfte der Befragten will exakt das Gegenteil, sie setzt eher auf klassische Karriere, Festanstellung und Loyalität zu einem Unternehmen.

Ich bin auf Fortsetzungen dieser Studien mit den nachfolgenden Generationen sehr gespannt, wenn sie vollständig im Unternehmensalltag angekommen sind.

Im Rahmen einer weiteren, repräsentativen Studie der nextpractice GmbH im Auftrag des Bundesministeriums für Arbeit und Soziales unter dem Titel *Wertewelten Arbeiten 4.0* konnten insgesamt sieben verschiedene Wertewelten ermittelt werden, die auf unterschiedliche Art und Weise zur Bedeutung der Arbeit Stellung beziehen – und zwar über soziodemografische Trennlinien wie Einkommen, Ausbildung und insbesondere Alter hinweg.

Um die verschiedenen Werte, die in unserer Gesellschaft vorhanden sind, sichtbar zu machen, wurden mehr als tausend Personen verschiedener Altersgruppen über ihre Vorstellungen zum Thema Arbeit in Deutschland befragt. Im Fokus stand dabei, wie die Befragten die heutige Arbeitswelt erleben und welche Arbeitswelt sie sich für die Zukunft wünschen.

Welche Stärken und Schwächen hat unsere aktuelle Arbeitswelt?
Welche Entwicklungen sind zu begrüßen, welche Veränderungen eher skeptisch zu sehen?

Alle erhobenen Aussagen der befragten Personen wurden im Anschluss an die Interviews über ein mathematisch aufwendiges Verfahren in Relation gesetzt. Das Ergebnis ist ein visualisierter Kultur- beziehungsweise Werteraum, der die Vielfalt des Erlebens von Arbeit in Deutschland abbildet (vergleiche folgende Abbildung). Der grüne Bereich bildet die von den Interviewpartnern positiv bewerteten Konstrukte ab; der rote Bereich negativ bewertete Konstrukte. Die Konstrukte, die den grünen beziehungsweise positiv konnotierten Wertebereich aufspannen (Selbstentfaltung versus Stabilität, Gemeinwohl versus Leistung), zeigen die grundlegenden Unterscheidungen, die die Befragten zur Beschreibung einer idealen Arbeitswelt heranziehen.

Kulturraum zum Erleben von Arbeit in Deutschland mit positiv und negativ konnotierten Konstrukten

© nextpractice GmbH

Anhand einer Clusteranlyse konnten nun sieben verschiedene Gruppen ermittelt werden (siehe folgende Abbildung), die jeweils eine in sich konsistente Sichtweise auf die Arbeit haben. Das heißt, die Personen innerhalb einer Gruppe treffen zu bestimmten Aspekten des Themenfeldes Arbeit ähnliche Bewertungen. Die einzelnen Gruppen vertreten also spezifische Einstellungen beziehungsweise nehmen jeweils eine bestimmte Haltung gegenüber der Arbeit ein: Sie leben in ihren eigenen Wertewelten. Positioniert man nun die jeweiligen Idealbilder von Arbeit im Kulturraum, wird deutlich, dass sich die Interessen teils deutlich gegenüberstehen:

Die Idealbilder der Arbeit innerhalb der sieben Wertewelten zeichnen sich durch folgende Überzeugungen aus:

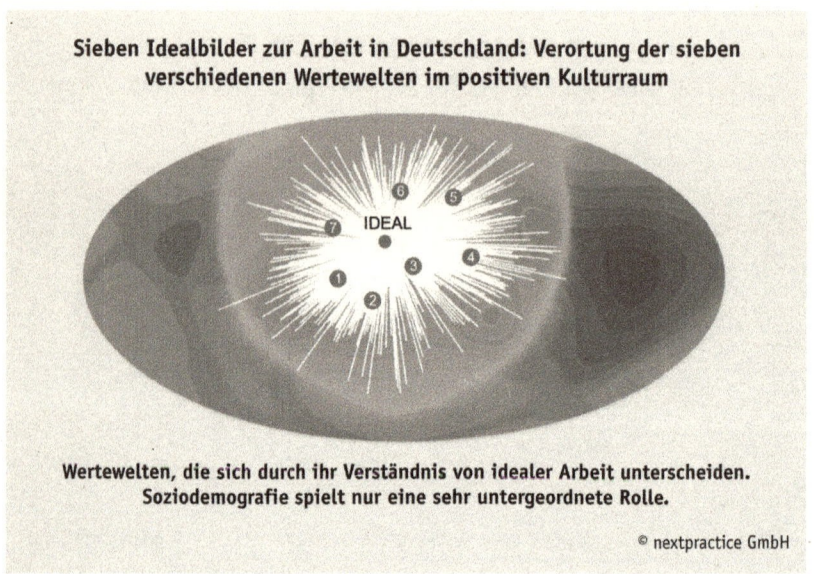

Sieben Idealbilder zur Arbeit in Deutschland: Verortung der sieben verschiedenen Wertewelten im positiven Kulturraum

Wertewelten, die sich durch ihr Verständnis von idealer Arbeit unterscheiden. Soziodemografie spielt nur eine sehr untergeordnete Rolle.

© nextpractice GmbH

1. Sorgenfrei von der Arbeit leben können (28 Prozent der Befragten)
»Mir ist es wichtig, dass meine Familie und ich ohne materielle Sorgen in einer sicheren Gemeinschaft leben können. Arbeit gehört dazu, doch leider fordert sie oft so viel, dass ich kaum noch Platz für mein eigenes Leben finde. Alles geht immer schneller und man muss immer mehr leisten. Der Staat sollte dafür sorgen, dass jeder, der einen Beitrag leistet, auch abgesichert ist.«

2. In einer starken Solidargemeinschaft leben (9 Prozent)
»Arbeit bedeutet für mich Loyalität, Wertschätzung, Teilhabe und Zusammenhalt in einer Solidargemeinschaft. Das drückt sich auch materiell aus, aber nicht nur. Mich macht die Entwicklung zunehmend besorgt. Früher

haben Unternehmen noch das Wohl der Menschen im Blick gehabt und es gab Arbeit für alle. Jetzt fallen immer mehr Menschen durch das Raster und finden keinen Platz mehr in der Gesellschaft.«

3. Den Wohlstand hart erarbeiten (15 Prozent)

»Natürlich ist die Arbeit schwerer geworden und das macht nicht immer Spaß. Aber ich glaube noch immer, dass jeder, der sich wirklich anstrengt, es hier zu etwas bringen kann. Und wenn man es geschafft hat, darf man sich ruhig etwas Luxuriöses gönnen. Die Sozialpartner müssen dafür sorgen, dass Deutschland weiterhin die Wirtschaftsmacht in Europa bleibt und Leistungsträger hier eine Heimat behalten.«

4. Engagiert Höchstleistung erzielen (11 Prozent)

»Verantwortung und eine führende Position sind für mich kein Druck, sondern pures Adrenalin. Gern pushe ich mich selbst zu Höchstleistungen. Wirtschaft und Gesellschaft haben sich in den letzten Jahren rasant entwickelt. Angesichts der Digitalisierung ist beständige Weiterbildung ein Muss. Die politischen Rahmenbedingungen für die Bewältigung dieser neuen Herausforderungen sind dabei gegeben.«

5. Sich in der Arbeit selbst verwirklichen (10 Prozent)

»Wir sind auf dem Weg in eine Arbeitswelt, in der man sich mit nahezu unbegrenzten Möglichkeiten immer wieder neu erfinden und viele spannende Dinge tun kann, auch international. Das steht nicht im Widerspruch zu Leistung und Effizienz, wenn Gesellschaft und Arbeitgeber dazu bereit sind, die Menschen auf ihrem Weg zu unterstützen, beispielsweise durch flexible Arbeitsmöglichkeiten und umfassende Kinderbetreuung.«

6. Balance zwischen Arbeit und Leben finden (14 Prozent)

»Ich will Arbeit, Familie und persönliche Selbstverwirklichung zusammenbringen. Eigenverantwortung und gesellschaftliche Mitgestaltung gehören dabei für mich zusammen. Schließlich ist es eine gemeinsame Aufgabe, gute Bedingungen für alle zu schaffen. Das System soll sich den Menschen anpassen und nicht die Menschen dem System. Ich will meine Prinzipien nicht für etwas materielle Sicherheit über Bord werfen.«

7. Sinn außerhalb seiner Arbeit suchen (13 Prozent)

»Ich glaube nicht, dass man den Sinn des Lebens nur in der Erwerbstätigkeit suchen sollte. Alle Tätigkeiten sind gleich wertvoll, solange sie einen Beitrag zum Wohlergehen aller leisten. Menschlichkeit kann sich auch in kleinen und sehr persönlichen Dingen zeigen. Deshalb sollte der Staat allen ein lebenswertes Auskommen garantieren, unabhängig davon, was sie nach der Marktlogik verdienen.«

Dass sich junge Arbeitnehmer in ihren Bedürfnissen unterscheiden, ist keine Überraschung. Dennoch verdeutlicht die Differenzierung der Wertewelten, wie komplex die Ansprüche tatsächlich sind und legt die Schlussfolgerung nahe, dass es parallel zur Digitalisierung keinen einheitlichen Werte-Trend innerhalb unserer Gesellschaft gibt. So spielt insbesondere der mit der Digitalisierung assoziierte Begriff Flexibilität eine konträre Rolle in der Wahrnehmung der Befragten: Die einen verbinden damit mehr Freiheit, die anderen erhöhten Druck. Laut der Studie wird also die Begeisterung für die zukünftigen individuellen Möglichkeiten und die Effizienzsteigerung durch die Digitalisierung nicht von allen Erwerbstätigen geteilt. Die Kunst für Politik und Wirtschaft wird in Zukunft darin bestehen, die positiven Effekte der Digitalisierung zum Wohle der gesamten Gesellschaft zu nutzen, während gleichzeitig die Differenziertheit der Wertewelten in Inhalt und Ansprache zu berücksichtigen sind.

Die jungen Generationen und gesellschaftliche Trends

Für Ihren Umgang mit den jüngeren Generationen Y und Z können Ihnen meine Empfehlungen einige generelle Anhaltspunkte geben. Die individuellen Unterschiede zwischen den Personen einer Altersgruppe sind aus unserer Sicht aber viel bedeutsamer, als die durch die Kultur geprägten Unterschiede.

Die meisten Aussagen, die über die jungen Generationen getroffen werden, stellen Verallgemeinerungen dar und die Untersuchungen unterliegen den üblichen soziometrischen Unschärfen.

Aus eigener Erfahrung kann ich allerdings bestätigen, dass die Mitarbeitenden der Generation Y viel deutlicher kommunizieren und einfordern, was sie sich von ihrer Führungskraft und ihren Arbeitsbedingungen wünschen.

Dies schließt allerdings auch nicht aus, dass die älteren Generationen nicht schon immer die gleichen Wünsche hegen. Betrachtet man zum Beispiel die Ergebnisse der *Orizon Studie Arbeitsmarkt 2014 – Perspektive der Arbeitnehmer*, bei der über zweitausend Arbeitnehmer und Arbeitssuchende nach jenen Leistungen befragt wurden, die einen Arbeitgeber für sie besonders interessant machen, so wünschen sich auch die älteren Generationen gar nichts großartig anderes als die Generation Y oder die Generation Z. Nämlich: Jobsicherheit, leistungsgerechte Bezahlung, flexible Arbeitszeiten und kurze Wege zwischen Wohnort und Arbeitsstelle.

Was wahrscheinlich anders wird: Junge Generationen haben – auf dem Hintergrund des demografischen Wandels – zum ersten Mal die Möglichkeit, ihre Forderungen nach Freiheit und Work-Life-Balance auch weitgehend durchzusetzen und erfüllt zu bekommen.

Die durch den demografischen Wandel bedingte Entwicklung vom Arbeitgebermarkt hin zum Arbeitnehmermarkt begünstigt dabei den Einfluss der Wertewelten junger Generationen auf die Unternehmenskulturen.

Daher kann man die Phänomene der Generationen der Jugendlichen auch als Trends verstehen, die letztendlich in der gesamten Gesellschaft festzustellen sind. Der Wunsch nach Selbstverwirklichung, Selbstbestimmung und Mitbestimmung wird klarer und deutlicher formuliert und Unternehmen und ihre Führungskräfte sollten sich darauf einstellen.

7.
Was fordern junge Menschen heute von ihrer beruflichen Tätigkeit?

»Das eine was man muss, das andere was man kann.«

Elternspruch der Sechziger- und Siebzigerjahre

Unternehmen sollen eine Fortsetzung der in den vorherigen Institutionen erlebten, weichen, rücksichtsvollen und spaßorientierten Ausbildungskultur bieten.

Auf dem Hintergrund des Wohlstandes breiter Gesellschaftsschichten kommen Menschen in unserer Gesellschaft zum Teil erst nach dem Bachelor oder sogar erst nach dem Master (drei- bis fünfundzwanzig Jahren) zum ersten Mal etwas näher in Kontakt mit dem Arbeitsleben.

Durch den – im Durchschnitt – viel späteren Einstieg ins Berufsleben werden daher unklare und zum Teil unrealistische Erwartungen sehr lange aufrechterhalten.

Und dann, mit Mitte zwanzig, verändern sich – für die geringe Vorerfahrung vieler junger Menschen mit dem Arbeitsleben – für viele zu schnell und zu plötzlich die Prämissen. Es geht jetzt auf einmal nicht mehr darum, möglichst viel mit möglichst viel Spaß zu lernen und sich auszuprobieren, sondern dauerhaft Leistung im Sinne der Unternehmensziele zu erbringen. Das heißt, etwas zu tun, wofür jemand anderes bereit ist, zu bezahlen.

Und dann muss es auch noch so oft gemacht werden, bis ich es gut kann. Nicht nur ein- oder zweimal und danach reicht mir das Gefühl, ich hätte es verstanden und könne jetzt bitte wieder etwas Neues, Spannendes machen. Und dann muss ich es möglicherweise auch weiterhin oft durchführen, eben weil ich es inzwischen gut kann.

Die sich im Unternehmen eigentlich zu stellende Frage ist jetzt nicht mehr: »Was tue ich und macht mir das Freude?« Sondern: »Was ist mein Wertbeitrag für die Organisation?« Und das ist für die meisten Menschen aus jungen Generationen eine wirklich neue Frage.

Das eine was man muss,
das andere was man kann.

Elternspruch der Sechziger- und Siebzigerjahre

7.1 Work-Life-Balance steht im Vordergrund

Viele junge Menschen mit dem immer geringer werdenden delay of gratification, einer geringer werdenden Frustrationstoleranz und der Illusion von beliebig verfügbaren Abkürzungen, halten (aus der Sicht der Älteren) selbst minimale Anforderungen inzwischen aber häufig einfach nicht mehr durch.

Ein freier Mitarbeiter in spe ruft mich an. Er war ein guter Praktikant, hell, aufgeschlossen, plietsch, wie Norddeutsche sagen würden. Alle mochten ihn. Wir boten ihm eine freie Mitarbeit bis zum Ende seiner Studienzeit an. Ich kenne dieses Modell aus meiner Vergangenheit und mag es, weil ich es bei mir selbst als sinnvoll erfahren habe. Statt kellnern bereits im späteren Job arbeiten – macht Sinn.

Jetzt gerade hat er Schnappatmung. Mit zittriger Stimme und wirklich aufgeregt erklärt er mir, er habe jetzt den Studienplan für das nächste Semester bekommen und dass er die vereinbarten zehn Stunden im Monat(!) nicht nebenbei leisten könne. Er wisse einfach nicht mehr, wie er es schaffen solle. Zuviel Stress. Mit dem Studium, den Eltern, der Freundin. Fast tut er mir leid.

Wenn er nicht selbst wiederholt über seine vielfältigen Freizeitaktivitäten breit und ausführlich berichtet hätte. Aber: Die braucht er. Zur Entspannung. Und Erholung. Einfach mal was für sich tun. Auch mal chillen.

Studentenleben 2018.

Durch den geringen Praxisbezug darf man ja (Cinderella-Syndrom) darauf hoffe, dass es woanders noch viel besser, leichter, schöner und immer lustiger zugeht. Sobald es unkomfortabel wird, sucht man sich dann schnell eine der reichhaltig vorhandenen Alternativen. Außerdem wird man da wahrscheinlich mehr geschätzt, ach, was sage ich, wahrscheinlich gehuldigt.

»Die Zeit, die wir damals miteinander hatten, war eigentlich die Beste.«

Das habe ich mehrfach von ehemaligen Mitarbeitern und Mitarbeiterinnen gehört. Tja, stimmt. Der Unterschied zwischen denen und mir, ein paar Jahre später, war nur: Ich wusste es damals schon, sie oder er damals (noch) nicht.

Eine Bekannte von mir ist Personalchefin in einem mittelständischen Software-Unternehmen. Die sehr offene, lern- und entwicklungszentrierte Unternehmenskultur ist attraktiv für junge Menschen und zieht die Absolventen entsprechender Studiengänge stark an.

In niedriger Vertikalität und offener Atmosphäre können Mitarbeitende dort ihre Gedanken und Wünsche an Tätigkeiten und Projekteinsätzen offen kommunizieren. Eines Tages findet sie eine Metaplankarte auf einem auch für Kunden einsehbaren, offenen Kommunikationsboard. Dort steht: »Bitte bei der Besetzung der Projekte daran denken, dass eine ganze Anzahl von uns mit dem Kunden nichts zu tun haben will.«

Ihr stockt der Atem, weil sie kurz versucht, sich eine solche Karte in ihrer Vergangenheit vorzustellen. So eine Aussage hätte eine längere Unterredung mit all ihren damaligen Projektleitern zur Folge gehabt. Es wäre intensiv um das Thema ihres persönlichen Kunden- und Dienstleistungsverständnisses gegangen.

Lange vorbei, sagt sie. Passt aber zum aktuellen Zeitgeist.

Man muss in einem Software-Unternehmen von heute keine Berührung mit Kunden haben wollen. Das war auch früher schon so. In ingenieursgetriebenen oder technisch orientierten Unternehmen ist es durchaus verbreiteter als man denken sollte. Vertrieb gilt als igitt und die Entwicklung ist alles.

Dahinter stecken häufig Persönlichkeits- und Verhaltenspräferenzen, die man als eher introvertiert-rational bezeichnen kann. Psychologisch ist das verständlich, dass Menschen mit solchen Präferenzen möglichst wenig mit schlecht berechenbaren und unvorhersehbar agierenden, oft auch zusätzlich noch fachlich gering kompetenten Kunden zu tun haben wollen.

Aber Führungskräfte arbeiten inzwischen nicht mehr an der Korrektur dieser kurzsichtigen Einstellung. Sie verhalten sich wie die Lehrer: Sie schauen weg. Ja sicher: Kunden haben eben manchmal Vorstellungen, die den eigenen Selbstverwirklichungsansprüchen und Entwicklungsinteressen entgegenstehen.

Aber auch heute noch leben Dienstleistungsunternehmen überwiegend von Kunden. Und morgen auch.

7.2 Junge Menschen sind nicht mehr so berufsfixiert

Der Seniorpartner einer mittelständischen Wirtschaftsprüfungsgesellschaft: »Die Ausbildungen sind heute viel internationaler geworden. Viele haben im Ausland studiert, nach dem Bachelor noch den Master drangehängt und zwei oder mehr Unis besucht. Sie sprechen perfekt Englisch oder sogar Spanisch, sind viel mobiler als wir früher und haben riesige internationale Netzwerke.

Die meisten jungen Leute wollen allerdings nicht mehr zehn bis zwölf Stunden am Tag ackern. Sie wollen aber trotzdem erfolgreich sein. Und viel Zeit für Familie und Freunde haben. Und gut verdienen.

Leider ist in unserer Branche der Druck der Mandanten im Laufe der Jahre immer größer geworden. Sie wollen für unsere Leistungen weniger zahlen, trotzdem wollen sie sie schneller erbracht haben. Die Erwartungen und die Anforderungen sind gestiegen, die Bezahlbereitschaft gesunken.

Im Moment ist die Nachfrage nach Menschen mit einer kaufmännischen Ausbildung gigantisch. Wir finden – obwohl wir in einer für junge Menschen attraktiven Region sind – kaum qualifizierte Leute.

Der sinnfreie Administrations- und Bürokratieaufwand wird immer größer. Das führt auch noch dazu, dass die Wirtschaftsprüfer-Branche immer schlechter anerkannt wird.

Das ist für uns eine wirklich schwierige Situation.

Die Mandanten verlangen immer mehr und wir finden keine Leute. Und wenn wir welche finden, haben die keinen Bock mehr auf die Maloche. Unser Eindruck ist: Viele wollen so wenig wie möglich machen, um größtmögliche Sicherheit zu erreichen. Oft wollen sie nur noch Teilzeit oder vom Homeoffice aus arbeiten.«

Die Personalchefin des mittelständischen Software-Unternehmens sagt: »Die jungen Menschen in unserem Unternehmen wollen auch keine Projektleitung mehr übernehmen.« Sie sagt, sie wollen die Verantwortung nicht. »Sie müssten ja dann möglicherweise mehr vor Ort sein und hätten gegebenenfalls Einschränkungen ihrer Freizügigkeit bei den Themen Arbeitsort, -zeit und Homeoffice zu akzeptieren.«

Zusätzlich meint sie bedenklich: »In den modernen, agilen Welten verstecken sich wahrscheinlich unter anderem auch eine ganze Anzahl weniger leistungsbereiter und möglicherweise auch leistungsschwächerer Mitarbeitender, nur fällt es hier noch weniger auf als in den früheren Linienzuordnungen.«

Möglicherweise hat sie recht. Ein großer Teil der Menschen verhält sich entsprechend der sie umgebenden Systeme. Nicht alle Menschen sind aus sich selbst heraus intrinsisch angetrieben oder leistungsorientiert.

Auch wenn die Propheten der neuen Arbeitswelten das immer gerne proklamieren würden. Ein Teil der Mitarbeitenden setzt neuen Freiheiten eben nicht in Leistung, sondern in aufwandsreduziertes Verhalten um.

»Ein gutes Pferd springt nur so hoch, wie es muss«, sagt mir einer unserer jungen Berater, als ich ihn auf seine deutlich verbesserbare Leistung bei dem von ihm schriftlich formulierten Angebot für einen Kunden anspreche.

7.3 Es ist oft nicht genügend Druck drauf

»Der Ehrgeiz reicht einfach nicht.«

Peter Thiel, Silicon Valley-Ikone

Der Walldorf-Schüler macht ein Praktikum im Krankenhaus. Er wird in der Nähstube eingesetzt.
Eine Nähstube ist üblicherweise ein Ort, an dem die Veränderungen der Zeit etwas vorbeigegangen sind. Hier haben sich oft fürsorgliche Orte eines beschützenden Arbeitgeber-Arbeitnehmer-Verständnisses zumindest teilweise erhalten. Daher werden an solchen Orten auch oft diejenigen Menschen eingesetzt, die dem anstrengender gewordenen Arbeitsalltag im Krankenhaus aus welchen Gründen auch immer nicht mehr ganz gewachsen sind. Leistungsdruck oder gar Akkord sind in einer Nähstube aber auch 2018 definitiv nicht zu finden.
Sein Fazit nach vier Wochen: Zu stressig.

So wie er denken allerdings eine ganze Anzahl der jungen Erwachsenen: »Jeden Tag um 7:30 Uhr mit der U-Bahn ins Büro, um 17:30 Uhr zurück, danach dreimal die Woche zum Sport – das ist doch Mist. Wir sehen viele

Erwachsene, die viel zu viel arbeiten gehen, zu stressig und hektisch leben und sich dadurch doch nur kaputt machen, für nichts und wieder nichts. Niemand dankt es ihnen«, so der Tenor einer Gruppe Heranwachsender in der Diskussion um späteres berufliches Engagement.

Ein mittelständischer Unternehmer: »In unseren Wohlstandsländern wachsen junge Menschen inzwischen so behütet und rundum-versichert auf. Die haben die Leichtigkeit des Seins gepachtet. Bei immer weiter steigenden Ansprüchen geht die Selbstverantwortung für das eigene Leben mehr und mehr verloren.«

Ronja von Rönne beschreibt in ihrem Roman *Wir kommen* eine Generation junger Erwachsener, die zu nichts Stellung bezieht und sich dementsprechend auch für nichts einsetzt. Stefan Fischer beschreibt es in der Besprechung des auf dem Buch basierenden gleichnamigen Hörspiels folgendermaßen: »Die ... Freunde haben sich in einer neuen Spießigkeit eingerichtet, von der sie glauben, sie schütze sie vor den Anstrengungen des Lebens.« Und über das Hörspiel selbst: »Doch auch in diesem Kondensat passiert: nichts.«

Die Autorin Meredith Haff beschreibt es in der Auseinandersetzung mit ihrer Generation so: »... gleichzeitig verbleiben viele von uns deswegen auch vergleichsweise lange in dem etwas zu bequemen Abhängigkeitsverhältnis (zu den eigenen Eltern, Anmerkung des Verfassers), sie lassen sich bis zum dreißigsten Geburtstag (das ist übrigens oft die magische Grenze, an der auch die großzügigsten Papis einen Strich ziehen) hier noch einen Studiengang, da noch einen Auslandsaufenthalt und hin und wieder sogar ein Kind mitfinanzieren.« Die Autorin konstatiert, ihre Generation sei »zu bequem für die Unabhängigkeit«.

7.4 Das steht mir doch zu

Everybody gets a trophy.

Häufige Erwartung von Menschen junger Generationen, weil sie gelernt haben, dass Leistungsunterschiede in der Schule aktiv wegnivelliert wurden. Sie werden als ältere Führungskraft öfter das Gefühl haben, dass von jüngeren Mitarbeitenden ausschließlich gefordert wird.

Sehen Sie es ihnen nach, sie haben es ja auch nie anders erlebt. Freiraum, intensive Ausbildung und wertvolle Qualifikationen sind nichts, was man sich heute durch gute Leistungen erarbeiten muss, sondern es steht von Beginn an allen immer zu. Leistung ist keine notwendige Voraussetzung, um eine gute Qualifikation erwerben zu können. Auch Schüler, die objektiv mittelmäßige bis schlechte Leistungen in der Schule hatten, dürfen heute studieren. Beim Einstieg in das Berufsleben nehmen sie dann häufig einfach die Parameter der vorherigen (Bildungs-) Organisationen als auch im Arbeitsleben allgemein gültig an.

Sie erwarten dann:
- konkrete Gegenleistungen als transaktionalen Ausgleich für erbrachte Arbeit,
- zeitgemäße technische Voraussetzungen am Arbeitsplatz,
- passend dosierte Herausforderungen und viel Raum zur Selbstverwirklichung,
- intensiv nutzbare Weiterbildungsmöglichkeiten,
- flexible Arbeitsgestaltung (»Ohne Homeoffice komme ich gar nicht.«),
- ein unterstützendes Maß an Kontrolle, aber ja nicht zu viel,
- Aufgabenvielfalt und Abwechslung,
- Geld. Es muss allerdings nur einen gewissen Schwellenwert erreichen, wird dann aber schnell zum sekundären Motivator, weil vielfach in den Familien schon vieles da ist.

7.5 Das nach außen gezeigte Selbstbewusstsein ist oft nur die eine Seite

»Wir sind so frei, dass wir uns vor allem Sicherheit wünschen.«

Meredith Haaf über ihre Generation, deutsche Journalistin, Autorin und Redakteurin

Ich telefoniere mit einer Bewerberin für eine Stelle als Nachwuchsberater(in). Sie ist sechsundzwanzig Jahre alt. Das im ersten telefonischen Kennenlerngespräch nach außen gezeigte Selbstbewusstsein entspricht eher einer erfolgreichen, international arbeitenden Managerin in den Endvierzigern und nicht einer gerade fertig gewordenen Studentin.

Ich muss in mir immer übersetzen: Die meint das wahrscheinlich nicht so. Sie will einfach kompetent und erwachsen rüberkommen und für das Durchschnittsmaß meiner Sozialisation überzieht sie dabei einfach maßlos. Sie müsste nicht so forsch und fordernd auftreten, aber sie hat das wahrscheinlich kaum oder nur selten als Feedback von älteren Menschen bekommen.

Ich spare mir das Feedback auch. Wir sind nicht in einer Situation, in der ich ihr Feedback geben kann, dem AGG sei Dank.

Die äußerliche Sicherheit ist aber nur eine Seite.

Viel häufiger erlebe ich innere Verunsicherung. Ähnliches berichtet Meredith Haaf in der kritisch-liebevollen Analyse ihrer Generation mit dem deutlichen Titel: *Heult doch. Über eine Generation und ihre Luxusprobleme.*

Mehr als einmal begleitete ich junge Menschen bei Fragen, die sich für sie selbst allerdings zur massiven Krise ausweiteten, wie etwa die Wahl einer Universität, eines Studienortes oder einer Arbeitsstelle. Diese Krisen gingen bis weit hinein in starke körperliche Symptome wie etwa Schlaflosigkeit, Angstgefühlen oder Panikattacken. Mein Gefühl: Die jungen Menschen sind heute häufiger verunsichert als früher und suchen stärker nach Halt und Richtung.

Vielleicht kommt es auch daher zu solchen Trends. Ich höre im Radio: »Die Polizei kann sich in den letzten Jahren vor Bewerbern kaum retten. Neunzigtausend Bewerbungen in einem Jahr für dreizehntausend offene Stellen.« Ich frage mich, was diese jungen Menschen antreibt, sich für ein so vorhersehbares Berufsbild und eine so vorgezeichnete Laufbahn zu interessieren. Aber möglicherweise ist es ja sogar genau das. Sicher, vorhersehbar, stabil.

Ich erinnere mich an die Eltern meiner Schulkameraden in der neunten oder zehnten Klasse: »Kind, geh zur Sparkasse/Bank/zum öffentlichen Dienst, da hast du was Vernünftiges.« Vielleicht hat diese Rolle heute die Polizei, das Finanzamt oder die öffentliche Verwaltung.

»Die Gewerkschaft der Polizei freut sich zwar auch über den Andrang bei den Bewerbern, gleichzeitig«, so ein Sprecher, »finden sich aber immer weniger qualifizierte Bewerberinnen und Bewerber darunter.«

Nun, ich finde es einen kurzen Moment sehr belustigend, dass der öffentliche Dienst wenigstens selbst die Folgen der eigenen Bildungs- und Ausbildungspolitik (und damit an manchen Stellen eben auch der selbst produzierten Misere) wahrnimmt und erdulden muss.

Was die Polizei allerdings noch nicht weiß: Es ist für viele junge Menschen schön, dass alles so geregelt ist. Es ist schön, keine Verantwortung übernehmen zu müssen.

»Das steht mir zu«, wird allerdings einer der ersten Sätze sein, der einer ganzen Anzahl der Anwärterinnen und Anwärter noch während ihrer Ausbildung ganz flüssig über die Lippen kommt.

Keine Anstrengungen über das geforderte Mindestmaß hinaus.

Es ist schön, gegen alles und jedes abgesichert zu sein.

Keine Verpflichtungen übernehmen müssen.

Aber trotzdem toll, geregelt Karriere machen.

Vorhersehbar befördert werden.

Heute schon die Rentenhöhe in fünfunddreißig Jahren ausrechnen können.

Ganz prima.

8.
Was bedeuten diese Veränderungen für Organisationen?

8.1 Unternehmen bewerben sich zukünftig bei Bewerbern

Mit dem medienwirksamen Slogan *Fliegen nach der Probezeit* umwirbt eine Werbeagentur junge Fachkräfte. So geht es für alle Kandidaten und Kandidatinnen, die die Probezeit überstehen, fünf Tage in den vom Chef bezahlten Urlaub. So berichtet Sophie Burfeind, *brand eins*, in einem Schwerpunktthema im September 2018.

brand eins weiter: »Bei Daimler arbeiten die Azubis mit Snapchat und Tablets, die Deutsche Bahn verzichtet auf Anschreiben bei der Bewerbung. Bei der Wirtschaftsprüfung Deloitte bekommt jeder Einsteiger einen Laptop und ein Smartphone.

Unternehmensberater, die in Teilzeit arbeiten, sind heute so selbstverständlich wie die flexible Nutzung des Homeoffice oder der New Way of Work mit Wohlfühlatmosphäre.«

Die demografische Entwicklung schlägt mit dem Einstieg der Generation Z in die Firmen und Organisationen voll zu. Es mangelt an Bewerbern für alle möglichen Berufsbilder. Unternehmen müssen sich nun zum ersten Mal wirklich überlegen, ob sie die Anforderungen junger Berufseinsteiger wirklich noch erfüllen können oder wollen.

Ich kenne bereits erste Organisationen, die sich bewusst entscheiden, wenn möglich mit berufserfahreneren Bewerbern zu arbeiten, um die schmerzhafte berufliche Erst-Sozialisierung der jungen Bewerber von heute nicht selbst leisten zu müssen. Sie überlassen die Schwierigkeiten dieser Phase lieber anderen Unternehmen.

Ann-Kathrin Volkmann stellt im *brand eins*-Bericht *Erst das Vergnügen und dann die Arbeit* (09/2018) die These auf: Das wird die Wirtschaft verändern.

Davon bin auch ich sehr überzeugt. Aber – wie immer – bieten sich bei Veränderungen auch neue Chancen. Allerdings wird der Druck zur Anpassung an die Wünsche junger Generationen sicher auch einige Organisationen deutlich überfordern. Die zu überwindenden Unterschiede kann man aus den zwei nachfolgenden E-Mails (beide aus ein- und derselben Woche) gut erkennen:

E-Mail einer Generation Y-Jobsuchenden:

Hi Michael,
darf ich mal kurz um deinen Rat als Geschäftsführer und erfahrenen Businessteilnehmer bitten?
Ich bewerbe mich in einem HR Start-up und die wünschen eine Gehaltsvorstellung.
Ich will dreimal lieber einen coolen Job als Reichtum, weiß aber natürlich, dass ich mich auch nicht unter Wert verkaufen darf.
Was ist eine kluge Aussage?
(Master-Absolventin, fünfundzwanzig Jahre, gut qualifiziert für HR)

E-Mail einer Personalchefin (Old Economy):

Hallo Herr Lorenz,
unser neuer Referent wird nicht wie geplant am kommenden Workshop teilnehmen. Er hat leider zu Ende November noch in der Probezeit gekündigt. Offensichtlich sind wir soweit, dass gute Leute aus der Praxis bereits nach ganz kurzer Zeit merken, wie das Unternehmen und die Menschen hier ticken. Die Führungskräfte tragen durch ihre offenherzige Veränderungsunwilligkeit gut dazu bei.
Der Kulturschock hat bei ihm dazu geführt, dass er ein anderes Jobangebot angenommen hat. Es wird mir schwerfallen, uns in der nächsten Vorstellungsrunde als lohnenswert anzupreisen ...

8.2 Eine der wichtigen Herausforderungen der Zukunft: Mitarbeiterbindung

Die Themen:

- Fachkräftemangel und Arbeitnehmermarkt,
- Wertewandel durch die junge Generation und
- Aktuelle und zukünftige Veränderungen der (Zusammen-)Arbeitsformen

werden alle Organisationen und insbesondere die Führungskräfte fordern, dem Thema Mitarbeiterbindung eine erhöhte Aufmerksamkeit zu geben. Dabei wirken die drei Aspekte zusammen und beeinflussen sich gegenseitig.

Fachkräftemangel und Arbeitnehmermarkt

Nicht nur für sehr gut ausgebildete Mitarbeitende sind die Beschäftigungsmöglichkeiten im Moment sehr vielfältig. Arbeitgeber suchen heute bereits zum Teil für einfache Helfertätigkeiten verzweifelt Mitarbeiterinnen und Mitarbeiter.

Die Tendenz zu einer geringen Bindung wird natürlich begünstigt durch den Fachkräftemangel. In vielen Branchen, Berufsfeldern und in den Ballungszentren ermöglicht dieser den Arbeitnehmern, viel leichter und schneller als in Zeiten geringerer Job-Alternativen, schon bei leichter Unzufriedenheit mit einem Arbeitgeber nach einer neuen Alternative zu suchen.

Hinterfragt man, warum Menschen das Unternehmen verlassen oder wechseln, wird schnell deutlich, dass nur ein geringer Teil der Wechsler ein neues Unternehmen sucht, weil sie sich dadurch eine bessere Verdienstmöglichkeit erhoffen. Viel häufiger werden genannt:

- mangelnde Entwicklungsmöglichkeiten,
- fehlende Passung zum Vorgesetzten,
- fehlende arbeitsbezogene Herausforderungen,

- Langeweile oder auch
- private Gründe.

Es ist sicher richtig, dass Menschen mit einem Jobwechsel gerne auch eine Gehaltserhöhung erwarten, dies ist aber meist nicht die primäre Motivation. Die Gründe des Wechselns legen nah, wo Ansatzpunkte für Mitarbeiterbindung sind. Zum einen geht es um Entwicklungsperspektiven in Unternehmen. Nach wie vor ist in vielen Unternehmen häufig – hinsichtlich der beruflichen Weiterentwicklung – lediglich eine Führungskarriere möglich. Nur wenige Unternehmen haben eine wirklich gleichberechtigte und solide etablierte Fach- oder andere Laufbahn aufgebaut. Bekannt ist, dass nicht alle Menschen für Führungspositionen geeignet sind oder diese einnehmen wollen. Damit enden dann ihre beruflichen Entwicklungsmöglichkeiten schnell. Darüber hinaus heißt gerade für junge Mitarbeitende Karriere heute nicht mehr nach oben, sondern eher persönliche Entwicklung.

Hier sind auch Führungskräfte gefordert, für die Zukunft ein breiteres Spektrum an Entwicklungsmöglichkeiten auch ohne Führungspositionen für Mitarbeitende zu bieten. Der Wunsch nach Entwicklung und persönlicher Förderung ist einer, der bei der Attraktivitätsbewertung von Unternehmen immer ganz weit oben steht.

Alternative Entwicklungsmöglichkeiten bieten Vertriebs-, Fach- oder Projektkarrieren. Möglich sind aber auch Konzepte, die es dem Mitarbeitenden ermöglichen, in ein und demselben Unternehmen Aufgabenfelder zu wechseln, um sich so breiter zu qualifizieren oder – was einen anderen Punkt der Wechselgründe betrifft – immer wieder neue Herausforderungen und Abwechslung ins Berufsleben zu bringen. Geht man noch einen Schritt weiter, sind durchaus auch personalbezogene Partnerschaften mit anderen Unternehmen denkbar. Das erscheint auf den ersten Blick befremdlich, wird aber bei interessierten und nach Abwechslung suchenden Mitarbeitenden eine anhaltende Motivation nachhaltig unterstützen. Wir haben mehrfach solche Konzepte entwickelt. Dies kann insbesondere für kleine und mittelständische Unternehmen interessant sein. Gemeint ist hier, dass man über Partnerschaften seinen Mitarbeitenden einen größeren Pool an möglichen Aufgabenfeldern bietet und Mitarbeitende zwischen Unternehmen wechseln können. Durch einen gemeinsamen Arbeitskräftepool verliert man selbstverständlich auch Mitarbeitende, gewinnt aber auch leichter neue Mitarbeitende für das eigene Unternehmen. Andere Alternativen bieten sich selbst steuernde Teams mit wechselnden Verantwortungen oder neue Führungskonzepte, die Führung auf Zeit ermöglichen. Sie

- ermöglichen Entwicklungsmöglichkeiten für eine deutlich größere Anzahl von Mitarbeitenden,
- legen die Mitarbeitenden nicht auf einen bestimmten Karriereweg fest und halten ihre Möglichkeiten offen und flexibel,
- bieten immer wieder neue Herausforderungen und damit letztendlich die Möglichkeit, verschiedene Aspekte der Mitarbeiterbindung mit neuen Formen der Zusammenarbeit zu gestalten.

Das heißt übrigens nicht, dass es dort anders zugeht. Wenn Menschen wenig Berufsjahre und Erfahrung haben, dürfen sie aber auf jeden Fall noch denken: »Woanders ist es auf jeden Fall besser, toller und viel lockerer. Und ich lerne auch für mich viel mehr. Außerdem bekomme ich auch noch viel mehr Geld.«

Wertewandel von den Babyboomern zur Generation Z
Hinsichtlich der Bindung von Fachkräften sollte noch ein weiterer Aspekt bedacht werden. Menschen aus den Generationen Y und Z sind häufig gar nicht mehr an einer klassischen Führungskarriere interessiert. Die Vereinbarkeit von Beruf und Familie oder die Werthaftigkeit des Privatlebens haben für sie einen höheren Stellenwert. Das führt noch zusätzlich dazu, dass klassische Karrieren mit häufig zunehmend hohen Arbeitszeiten nicht attraktiv sind.

Wir alten Säcke reißen den Laden.
Die jungen Mitarbeiterinnen und
Mitarbeitergehen um 18.00 Uhr
nach Hause und haben dann schon
eine Überstunde, die sie auch
penibel genau aufschreiben.

Inhaber eines digitalen Start-ups

Der Inhaber eines digitalen Start-ups ist frustriert.

Während er den ganzen Tag empfindet, dass es sinnvoll und interessant ist, was das Unternehmen macht, welche interessanten Projekte die Kunden dem Unternehmen zutrauen und welche Entwicklung das Unternehmen dadurch nimmt, befinden sich seinem Eindruck nach viele junge Mitarbeiterinnen und Mitarbeiter bis Anfang dreißig im Ferienarbeitsmodus.

Keine Verantwortung übernehmen, möglichst viel lernen und auch schnell weg, wenn es zu anstrengend wird.

Jüngere Beschäftigte haben oft andere Vorstellungen über einen guten Arbeitsplatz und eine gute Arbeitsumgebung: Bei entsprechenden Befragungen stehen an erster Stelle oft interessante Arbeitsinhalte, an zweiter Stelle ist Abwechslung wichtig. Die Anerkennung der eigenen Leistung zum Beispiel durch den Vorgesetzten ist häufig sogar noch wichtiger als flexible Arbeitszeiten. Das selbstständige Arbeiten steht von der Wertigkeit her häufig noch vor dem Erhalt des eigenen Wohlbefindens und der Gesundheit. Meist finden sich ähnliche Themen in diesen Untersuchungen, allerdings wechselt die jeweilig ermittelte Priorität häufig von Befragung zu Befragung und von Studie zu Studie.

Wir werden – wollen wir mit den jüngeren Generationen erfolgreich arbeiten – die traditionellen Karriereleitern zu individuellen Karrierewegen verwandeln müssen:

Nach dem Bachelor kommt oft inzwischen der Master. Nach einer Zeit der beruflichen Tätigkeit kommt dann nicht selten eine erste berufliche Neuorientierung. Gegen Mitte dreißig nivellieren sich berufliche Möglichkeiten und auch eigene Erwartungen auf ein realistischeres Maß, dann kommt die Elternzeit. Dem Wiedereinstieg folgen nach einigen Jahren ein Sabbatical und möglicherweise eine erneute Qualifikation für ein anderes Tätigkeitsfeld. Dann taucht häufig der Wunsch nach Teilzeitarbeit auf und ein fließender Übergang in den Ruhestand schließt sich an.

Zeitflexibilität

Schauen wir uns die Erwartungen junger Arbeitnehmer an Unternehmen noch einmal an, erkennen wir, dass es inzwischen viele Gestaltungsmöglichkeiten auf der formalen Ebene gibt, die auch zur Beeinflussung der informalen Unternehmenskultur beitragen werden und so einen Beitrag zur Stärkung der Mitarbeiterbindung leisten können. Einer von vielen Ansatzpunkten liegt in der Gestaltung grundlegender Arbeitszeitmodelle und Arbeitsformen.

Überprüfen Sie die bei Ihnen im Unternehmen etablierten Arbeitszeitmodelle und Arbeitsformmodelle: Geregelte Arbeitszeiten und eine klare Trennung von Work and Life können Stress reduzieren und damit die Arbeitszeit angenehmer und effektiver machen. Umstände, die so manchen Mitarbeitenden zu Höchstleistungen auflaufen lassen, wo sie keiner erwartet hat. Hier sind wir bei den Stichworten Digitalisierung und Mobile Working.

Wie flexibel können Mitarbeitende in Ihrem Unternehmen ihre Arbeitszeit und ihre Arbeitsform (zum Beispiel Homeoffice) gestalten? Für welche Beschäftigungsgruppen sind welche Arbeitszeitmodelle möglich?

Bei allen modernen Arbeitsformen und -zeiten muss immer bedacht werden, dass es Berufsgruppen gibt, für die das Thema Mobile Working nicht zur Diskussion gestellt werden kann, weil sie schlicht und ergreifend nur an einem bestimmten Ort ihre Arbeit erbringen können. Ein Beispiel ist das Krankenhaus. Homeoffice macht hier nicht so viel Sinn. Aber auch für solche Tätigkeitsfelder lassen sich Arbeitszeitmodelle überprüfen. Dies gilt zum Beispiel für

- den Umfang von Beschäftigungsverhältnissen,
- unterschiedliche Teilzeitmodelle,
- Überstundenkonten mit der Möglichkeit, längere Auszeiten zu nehmen,

- individuelle Zeitflexibilisierungen,
- Überprüfung von Schichtmodellen und Ähnliches.

New Way of Work

Die zunehmende Digitalisierung ermöglicht Unternehmen neue Beschäftigungsformen. Mitarbeitende – je nach Arbeitsplatz – müssen nicht mehr zwingend vor Ort sein, um ihre Leistung zu erbringen. Viele Unternehmen nutzen Homeoffice-Lösungen, inzwischen auch, um eigene Kosten, nämlich Büroraum, zu sparen. Hier kalkulieren Unternehmen teilweise mit hohen Zahlen an Mitarbeitenden, die nicht mehr am Arbeitsplatz vor Ort sind, sondern von zu Hause aus arbeiten.

Mitarbeitende nutzen häufig dort, wo es ihnen ermöglicht wird, gerne die Möglichkeit zum Remote- oder Mobile-Working.

Das heißt, nicht mehr jeder Mitarbeitende kommt jeden Tag an seinen Arbeitsplatz, sondern nutzt Homeoffice oder Co-Working-Spaces.

Ein Beispiel:
Im Rahmen einer Unternehmensfusion wurde ein neues Raum- und Arbeitsplatzkonzept im Unternehmen realisiert. Durch die Fusion waren mehr Mitarbeitende am Standort als vorher und der vorhandene Platz reichte nicht mehr für alle. Unter dem Titel Open Space wurden die kleinen Büros und festen Arbeitsplätze abgeschafft. Jeder Mitarbeitende kann sich heute jeden Tag einen anderen Arbeitsplatz auf den Arbeitsflächen aussuchen. Zusätzlich führte das Unternehmen eine großzügige Homeoffice-Regelung ein, bei der davon ausgegangen wurde, dass 30 Prozent der Mitarbeitenden pro Tag von zu Hause aus arbeiten.

Zeit- und ortsunabhängige Regelungen zur Leistungserbringung entsprechen also nicht nur Mitarbeiterbedürfnissen, sondern werden von Unternehmen auch als Kosteneinsparungsmaßnahme genutzt. Hier wird auf die Flexibilität der Mitarbeitenden gesetzt. Mit der fehlenden Präsenz von Mitarbeitenden am Arbeitsplatz wird aber, wie bereits ausgeführt, auch die Bindung im Team – und damit an das Unternehmen – geringer.

Der eingeschränkte Kontakt zum Unternehmen führt aber auch dazu, dass die menschlichen Bindungen nicht mehr in gleicher Weise wirken wie in der Vergangenheit. Bisher trafen sich Kollegen und Führungskräfte jeden Tag am Arbeitsplatz. Das Miteinander am Arbeitsplatz – soweit es sich um ein gutes Miteinander handelt – ist aber ein wichtiger Bindungsfaktor für Menschen an Unternehmen. Viele Mitarbeitende bleiben einem Unternehmen treu und fühlen sich dort gebunden, weil sie gern mit ihren Kolleginnen und Kollegen zusammenarbeiten und allein der Verlust dieser Beziehungen sie davon abhält, den Arbeitgeber zu wechseln.

Führungskräfte müssen daher neue Formen und Wege der Kommunikation und des Informationsaustausches etablieren, um den Mitarbeitenden trotzdem weiterhin ein Zugehörigkeitsgefühl zu geben.

Um einer zu großen Distanz der Mitarbeitenden zum Team entgegenzuwirken, bekommt ihre Einbindung in den Informationsfluss und in die Ereignisse im Unternehmen eine größere Bedeutung. Ebenso geht es um das Etablieren und Aufrechterhalten eines Wir-Gefühls. Die modernen Medien eröffnen uns hier viele Chancen eines umfangreichen Informationsaustausches, der weit über das Telefon hinausgeht. Gemeint ist die Nutzung von Videokonferenzen, Chat-Programmen, Social Media, Skype-Telefonie und Ähnlichem.

Arbeitsumfeld

Ein weiterer Aspekt betrifft das Arbeitsumfeld. Dieses kann auf vielfältige Weise so gestaltet werden, dass Menschen dort nicht nur arbeiten, sondern sich auch wohlfühlen. So wird zum Beispiel bei der architektonischen Planung von Arbeitsbereichen heute viel mehr darauf geachtet, wie die Zusammenarbeitsprozesse sind und wie über die Architektur Informationsfluss und soziale Interaktion gefördert werden können. Erlaubt und ermöglicht Ihr Unternehmen, dass Mitarbeitende sich an unterschiedlichen Stellen zusammenfinden und austauschen können? Begünstigt Ihr Unternehmen die informelle Kommunikation?

Aktuelle und zukünftige Veränderungen der (Zusammen-)Arbeitsformen
Ein weiterer Aspekt ist die Veränderung der Beschäftigungslandschaft an sich. Viele Unternehmen werden mehr und mehr nicht nur mit fest angestellten Mitarbeitenden arbeiten, sondern gleichzeitig auch viele freie Mitarbeitende projektbezogen beauftragen. Diese projektbezogen beschäftigten Mitarbeitenden sind selbstständig und arbeiten für unterschiedliche Auftraggeber. Bei der Wahl der Unternehmen, für die sie tätig werden, spielen die Attraktivität der Aufgabe und die Verdienstmöglichkeiten eine noch größere Rolle.

Rahmenbedingungen und Kultur des Unternehmens werden zwar auch Auswahlkriterien sein, wenn ich aber als Freelancer weiß, dass ich sowieso nicht dauerhaft dazugehöre, nehme ich möglicherweise für eine begrenzte Zeit auch schlechtere Rahmenbedingungen bei einem attraktiven Verdienst eher in Kauf.

Ein Nachteil der Beschäftigung von Freiberuflern für Unternehmen ist, das damit schnell auch ein großer Wissensverlust für Unternehmen verbunden sein kann. Die eingekauften freien Mitarbeitenden bringen ihre spezifischen Kompetenzen projektbezogen für ein Unternehmen ein, um ihre Aufgaben erfolgreich zu bearbeiten. Ist ihr Engagement nach Projektende beendet, nehmen sie auch das im Projekt erworbene Wissen mit. Im Unternehmen baut sich dadurch weniger Wissen auf und bei der nächsten, ähnlichen Fragestellung ist das Unternehmen wieder so schlecht aufgestellt wie vorher und muss Kompetenzen einkaufen.

Alles in allem ergeben diese Veränderungen eine komplexe Gemengelage, die nicht mit einfachen Maßnahmen zu bewältigen sind.

Wenn Sie sich als älterer Leser gerade ein wenig sorgenvoll fragen, wer zukünftig eigentlich das bisherige umlagefinanzierte Rentensystem für die breite Masse der pensionierten Babyboomer erarbeiten soll – gute Frage!

8.3 Junge Menschen müssen sich in Unternehmen heute viel schneller als früher monetarisieren

Bereits in den ersten Wochen der Unternehmenszugehörigkeit entscheiden neue Mitarbeitende darüber, wie lange sie voraussichtlich in dem Unternehmen bleiben. Ist der erste Eindruck in den ersten Wochen eher kritisch, fällt oft schnell die Entscheidung: »Hier werde ich höchstens ein bis zwei Jahre bleiben!«

Weiß man das, lohnt es sich, über den Prozess des Onboardings von Mitarbeitenden nachzudenken und diesen so zu gestalten, dass sich Mitarbeitende willkommen, wertgeschätzt und schnell integriert fühlen. Trotzdem – auch bei gutem Onboarding – sinkt die durchschnittliche Verweildauer in den ersten beruflichen Stationen nach dem Ende des Studiums oder der Ausbildung seit Jahren.

15 Prozent der freiwillig Wehrdienstleistenden (also derjenigen, die sich den Beruf Soldat nach ausführlichen Informationsmöglichkeiten selbst ausgesucht haben) verlassen die Bundeswehr in den ersten Wochen wieder. Für die Bundeswehr mag das nur ärgerlich sein, für Unternehmen ist das aber schwierig, denn häufig bekommen sie aus den vorgelagerten Bildungsorganisationen Menschen, die zwar irgendein (zum Teil sehr spezialisiertes Wissen) haben, aber natürlich noch nicht viel einsetzbares Können besitzen. Wie auch?

Wenn Mitarbeitende im Durchschnitt aber nur noch drei Jahre bleiben, ist es für die Organisation nicht besonders sinnvoll, ihn oder sie sieben Jahre ausbilden zu wollen.

Zum Beispiel bei Ärzten erlebt man das sehr deutlich: Nach der Approbation braucht es circa fünf bis sechs Jahre bis zum Facharzt, je nach medizinischer Teildisziplin. Diese Zeit braucht es auch, um das im Studium erworbene Wissen in berufliche Fertigkeiten umzuwandeln. Die jungen Ärztinnen und Ärzte sind dann im Durchschnitt etwa dreißig bis zweiunddreißig Jahre alt.

Viele ältere Ärzte haben in ihrem Inneren noch das Bild der klassischen qualitätsorientierten breit qualifizierenden Ausbildung und mühen sich beim akademischen Nachwuchs daran ab, diesen – von ihnen als notwendig, wichtig und richtig empfundenen – Qualitätsstandard aufrechterhalten zu können. Sie merken aber, dass die jungen Assistenzärzte oft kaum mehr Wertschätzung für diese – von ihnen manchmal als gestrig empfundene – qualifizierte Ausbildung haben.

Im Gegenteil. Wenn die Ausbildung mühevoll wird, wird sie von nachwachsenden Generationen oft weder goutiert noch honoriert. Der Preis, als Gegenleistung für die Qualität der Ausbildung jede Menge Nacht- und Stationsdienste leisten zu müssen, erscheint dem Nachwuchs inzwischen verbreitet als viel zu hoch.

Dann wird eben gewechselt oder nach Alternativen außerhalb des Arztberufs gesucht.

9.
Was bedeuten
diese Veränderungen
für das Führungsverhalten?

Die generellen Aussagen, gerade auch zu den Generationeneinteilungen, können für das individuelle Führungsverhalten nur Anhaltspunkte liefern.

»Die trinken alle Matcha-Tee, haben kein Auto mehr und wollen mehr Freizeit. Die sind heute alle so.« Bitte lassen Sie sich nicht von den bequemen Verallgemeinerungen einlullen. Richten Sie Ihr Führungsverhalten immer am Bedarf des einzelnen Mitarbeitenden aus, nicht nach dem, was nicht real existente, sondern soziometrisch ermittelte Durchschnittsmenschen dieser oder jener Generation wollen oder verlangen. Sie werden erfolgreicher sein, wenn Sie nicht alle gleich behandeln. Unterstützen Sie Ihre jungen Mitarbeitenden individuell in ihrem Streben nach individuellen Lösungen!

9.1 Viele junge Menschen sind heute gut ausgebildet und anspruchsvoll

Früher hatten ältere Führungskräfte mehr Wissen, Erfahrung und häufig auch Informationen. Sie hatten damit oft einen Vorsprung vor den jüngeren Führungskräften und Mitarbeitenden.

Menschen jüngerer Generationen sind im Durchschnitt besser ausgebildet, als es bei früheren Generationen der Fall war. Sie haben ein durch ihre Ausbildung erlangtes Wissen und Zugänge zu weiterem Wissen, die die älteren Menschen nicht haben oder zumindest nicht so kennen oder nutzen. Das begrenzt die Vertikalität in der Führung, also den Grad an Machtdistanz, die Mitarbeitende bei ihren Vorgesetzten akzeptieren oder tolerieren. Das stellt in gewisser Hinsicht eine Umkehrung der traditionellen Ordnung dar.

Ein Manager: »Der früher noch akzeptierte patriarchalische Führungsstil ist heute von gestern. Die Bereitschaft zur Unterordnung ist fast verschwunden. Bei jungen Mitarbeitenden reicht es heute nicht, dass ich ihnen einen Arbeitsauftrag gebe, den sie dann erledigen, sondern ich muss ihnen aufzeigen, warum sie das tun sollen und in welchem Zusammenhang der Auftrag steht.«

Dafür liegen Fragen wie: »Wie ist die Work-Life-Balance hier?« schon im Bewerbungsgespräch offen auf dem Tisch. Sie fragen: »Wie viel Zeit brauche ich für die Arbeit und wie viel Zeit habe ich für mich und für meine Familie?« Der Anspruch der Kandidaten an den Job ist heute allgemein höher, auch der Anspruch an die Arbeitsplatzausstattung und auch die finanzielle Ausstattung.

9.2 Junge Menschen akzeptieren Führung nur noch bedingt

»Meine Führungskräfte waren früher Götter für mich«, so ein erfahrener Manager. »Heute wirst du von den jüngsten Führungskräften hinterfragt. Die übergehen und durchbrechen Hierarchieebenen und haben auch keine Angst vor den Konsequenzen. Das hätte ich mich früher nicht getraut.«

Durch die geringer werdende Vertikalität zeigen jüngere Menschen weniger Respekt vor Status und Autorität, sondern – wenn, dann – mehr vor der Leistung desjenigen oder vor dem, was sie als Leistung wahrnehmen. Solche Entwicklungen sind aber natürlich in unseren heutigen Gesellschaften auch der völligen Entkopplung von Preis, Qualität und Wert zu verdanken. Man kann sich heute nicht mehr darauf verlassen, dass ein hochpreisiges Produkt auch qualitativ hochwertig ist.

Eine erfahrene Führungskraft: »Früher galten in Organisationen noch etwas stärker vom Militär entliehene Prinzipien. Da konnten sich Menschen in Organisationen noch darauf verlassen, dass Menschen, die höher in der Hierarchie angesiedelt waren, auch erfahrener waren und auch eine der Hierarchiehöhe entsprechende Ausbildung hatten. Diese Überzeugung scheint in den letzten Jahrzehnten verschwunden zu sein.«

9.3 Wir sind das Zusammenleben und schon gar nicht das Zusammenarbeiten über mehrere Generationen nicht (mehr) gewöhnt

Bis zu drei Generationen sind in einem Unternehmen, die unterschiedliche Sozialisationsmuster, unterschiedliche Erfahrungswerte und Verhaltensweisen haben. Die Ansichten und Bedürfnisse der eigenen Generation sind klar und logisch, aber die falschen Vorstellungen der Lebenseinstellungen und Arbeitsauffassungen anderer Generationen führen zu gegenseitiger Kritik, Misstrauen und Unverständnis aus der Distanz.

Lassen Sie sich nicht von Vorurteilen gegenüber unterschiedlichen Generationen leiten!

Command and Control als Führungskultur ist auf dem Rückzug. Die Übernahme von Aufträgen wurde früher nicht so stark hinterfragt wie heute. Respekt und Unterordnung waren noch an der Tagesordnung. Junge Menschen wollen diese Art der Führung nicht mehr. Die klassischen extrinsischen Motivationsfaktoren (Firmenjargon: »Kohle, Karre, Karriere«) funktionieren so nicht mehr.

Der alte Deal: »Tust du mehr, dann kriegst du mehr« ist vorbei. »Du kannst fünfzig-, sechzig-, achtzig- oder hunderttausend Euro verdienen, musst dich aber dafür den starren und rigiden Konzernstrukturen unterwerfen.«

Die Gewichtungen sind heute komplett anders. Entfaltung ist wichtig, Freiraum haben und sich ausprobieren können hat einen wirklichen Mehrwert für die jungen Menschen im Berufsleben von heute. Die Frage der Relation zwischen Arbeitszeit und Familienzeit rückt immer mehr in den Vordergrund. Werden wir dadurch in den Organisationen einen Werte-Clash oder eine Werte-Befruchtung erleben?

Wie immer ist nicht Unverständnis und Ablehnung, sondern Interesse für-einander der vernünftige Weg zur besseren Koexistenz. Sprechen Sie nicht übereinander, sprechen Sie miteinander!

Die Vermeidung von Konflikten ist eine gemeinsame Aufgabe. Jede Generation hat legitime Ansichten und Motivatoren. Die Spannungen machen die Zusammenarbeit wertvoll – wenn sich alle Beteiligten gegenseitig akzeptieren. Und damit ist es ist doch eine mega-spannende Zeit in Organisationen.

9.4 Überforderung entsteht durch die unendlichen Möglichkeiten

»Ich denke schon seit einem Jahr darüber nach, ob ich nicht lieber wieder reisen möchte.«

Nachwuchsberaterin, gerade ins zweite Berufsjahr gekommen

Sie wollen die Umwelt retten und gleichzeitig alle (Reise-)Freiheiten genießen. Sie wollen individuelle Lebenskünstler sein und gleichzeitig keine und/oder große Autos fahren. Beständigkeit und klare Anweisungen sind wichtig, kleine Risiken eingehen ebenso. Ein Genussmensch sein und gleichzeitig perfekte Körper haben – kein Problem.

Innerliche Klarheit ist für junge Menschen schwer zu finden. Das war wahrscheinlich immer schon so. Materielle Notwendigkeiten haben Menschen früherer Generationen aber viel früher in ihrem Leben ein stabilisierendes und dann oft auch identitätsstiftendes Gerüst gegeben.

Das Arbeitsethos früherer Generationen ist inzwischen einer stärkeren Freizeitorientierung gewichen. Das ist wahrscheinlich auch ein Effekt der in unseren Gesellschaften vorherrschenden Wohlstandserfahrung.

Ich denke schon seit einem Jahr darüber nach, ob ich nicht lieber wieder reisen möchte.«

Nachwuchsberaterin,
gerade ins zweite Berufsjahr gekommen

Ältere Generationen hatten noch erlebte Berührungen mit politischen oder wirtschaftlichem Chaos – die sich daraus ergebende Fähigkeit, Entbehrungen zu ertragen, hat einer heute viel stärkeren Genussorientierung Platz gemacht.

Die Alles-jetzt-nichts-später-Orientierung führt bei Teilen der jungen Menschen zu einer hohen Verschuldungsbereitschaft. »Wozu sparen? Das bringt ja doch nichts ein.«

Allein die Vielzahl der in jeder Situation scheinbar vorhandenen unendlichen Möglichkeiten führt bei vielen jungen Menschen zu Überforderungssignalen und Orientierungslosigkeit.

Die augenscheinlich aber nicht alle gleichzeitig auslebbaren Möglichkeiten der Multi-Options-Gesellschaft tun jedoch vielen der jungen Menschen nicht nur gut. Was in Krisen passieren wird, können wir uns im Moment nur schwer vorstellen.

Ein Freund: »Seit ich aus meinem alten Job raus bin, mache ich mir schon deutlich Sorgen, wie es weiter geht. Ich frage alle sechs Kinder (zwischen vier und achtzehn Jahren): Wo wollen wir in den Ferien hinfahren?

Die Vorschläge reichen von Madeira bis Kuba. Natürlich halte ich zu Hause eine gewisse Illusion aufrecht. Aber dass keins der Kinder eine Idee davon hat, wie es mir möglicherweise gerade geht – interessant. Was mit diesen jungen Menschen werden soll, wenn es mal nicht darum geht, wie sie sich fühlen, wird spannend.«

9.5 Offen bleiben

Seien Sie neugierig. Tun Sie nicht vorschnell ab, was Ihnen vielleicht zu Beginn als spinnerte Idee erscheint. Schauen Sie sich an, was heute wirtschaftlich erfolgreich ist. Es sind häufig kleine Ideen, die mit den richtigen Plänen und Mechanismen heute unfassbar schnell zu Größe und Erfolg kommen.

Oder hätten Sie gedacht, dass im Frühherbst 2018 die Commerzbank nach dreißig Jahren aus dem DAX – dem Index der dreißig wichtigsten Aktienwerte Deutschlands – geworfen wird? Von Wirecard, einem Unternehmen, das Zahlungsabwicklungen durchführt für Einzelhändler, Reifendienste, für Online-Shops und Fluggesellschaften. Eigentlich waren die Geschäftsbanken auch mal in diesem Segment unterwegs. Allerdings zu langsam, zu träge, zu teuer.

Das Leben junger Menschen läuft heute anders. Früher ging es darum, einen Partner zu finden, ein Auto zu kaufen und ein Haus zu bauen. Unsere Eltern haben gearbeitet, um sich etwas leisten zu können. Ohne ihre fremdbestimmte Arbeit war eben das Geld nicht da, um den Lebensunterhalt zu bestreiten und sich Wünsche erfüllen zu können. Der eigene Opel, der Bausparvertrag und das eigene Haus motivieren heute nicht mehr. Die materiellen Träume von früher sind als Realität meist schon da und eben oft keine Träume mehr.

Etwas zu besitzen ist inzwischen generell auf dem Rückzug. Dafür ist die Frage: »Macht es Spaß?« auf dem Vormarsch. Damit verliert möglicherweise aber auch das Thema Geld als Selbstzweck tendenziell an Wichtigkeit. Bei den Kids kommt das Selbstwertgefühl heute nicht mehr so stark daraus, Dinge im Freundeskreis vorzuzeigen, die man selber erarbeitet hat.

Information ist heute immer und überall verfügbar. Im Kontakt zu sein und etwas zu sharen ist heute wichtig. Für ältere Menschen ist das manchmal schwierig zu verstehen. Trotzdem: Schenken Sie Ihren jungen Mitarbeitenden Gehör und öffnen Sie sich der Arbeitsweise und ihren Anliegen! Es lohnt sich.

Beschäftigen Sie sich auch mit modernen, agilen und informellen Führungsansätzen, zum Beispiel Servant Leadership. Sie bieten Möglichkeiten, einige der Dilemmata tayloristischer Arbeitsorganisationen nachhaltig zu überwinden.

9.6 Schneller besser hinschauen

Ein Geschäftsführer in der Druckindustrie: »Ein junger Mann Anfang dreißig. Hat sich in einem Betrieb unserer Branche gut entwickelt. Macht aktiv Vertrieb und verdient über 60.000 Euro bei einem Umsatz von circa 200.000 Euro.
Allerdings surfte er auf der Welle der Leichtigkeit des Seins. Er beschwerte sich, dass seine Chefin ihn nicht wertschätzen würde. Er bekäme keinen Dienstwagen. Außerdem müsse er andauernd Überstunden machen. Er habe über zweihundert Überstunden zusammen und bekäme sie nicht bezahlt.«
Unsicher frage ich nach: »In welchem Zeitraum?«
»Seit ich da angefangen habe. In nur fünf Jahren.«

Heute müssen Sie sich die persönliche Situation der jungen Menschen viel genauer anschauen als früher. Der Aufwand bei der Personalsuche ist so in den letzten Jahren um ein Vielfaches angestiegen. Sie brauchen schon lange nicht mehr irgendwen, sondern, heute nötiger denn je, die Richtigen.

Wichtig ist dabei aber auch ein realistic job preview. Sie müssen schon in der Bewerbungssituation verdeutlichen, was die Mitarbeitenden in spe bei Ihnen bekommen. Bitte erzählen Sie keine Märchen. Enttäuschte Erwartungen sind einer der Hauptgründe für frühe Frustration und schnelle Kündigungen.

Fertigen Sie einen individuellen Plan an, aus dem hervorgeht, wie sich die Einarbeitung gestaltet und welche Entwicklung die Mitarbeiterin oder der Mitarbeiter in den nächsten Monaten nehmen wird.

Er war fünfundzwanzig. Er kam aus Coburg.
Eine meiner gern gestellten Fragen im Bewerbergespräch: »Stellen Sie sich vor, eine Fee kommt zu Ihnen und Sie dürfen sich den Beruf Ihrer Wahl aussuchen. Was haben Sie für Träume?«
Er sagte, er träume, in Coburg bleiben zu können.
Seine Hasen seien auch in Coburg. (????)
Er müsse auf die Alten aufpassen. (Hä?)
Etwas schockiert über die Wortwahl fragte ich nach.
Er meinte sein Zwerghasen-Pärchen. (Ernsthaft.)

9.7 Die Einarbeitung muss heute die vielfach überzogenen Erwartungen und Illusionen um Jobs enttäuschen – aber bitte sanft!

Für viele Menschen jüngerer Generationen werden die ersten Jahre im Job zukünftig wahrscheinlich reicher an Enttäuschungen werden, als das in der Vergangenheit der Fall war. Und zwar nicht nur, weil sich manche Unternehmen nicht schnell und auch nicht weit genug auf die Wünsche und Bedürfnisse jüngerer Menschen einstellen können oder auch wollen. Sondern auch, weil viele junge Menschen vorher getäuscht sind von der Möglichkeit, alle Wünsche und Erwartungen gleichzeitig befriedigt zu bekommen.

Der Job soll heute erfüllen, gleichzeitig sicher sein, möglichst große Flexibilität bieten und auch noch genug Geld einbringen. Der flexible 9-to-5-Job als Ideal im Jahre 2020.

Das wird nicht allen Konzernen gelingen – Geld ist dort zwar häufig nicht das Problem, aber je näher am Vorstand oder in kritischen Projekten gearbeitet wird, desto länger sind üblicherweise die Arbeitszeiten.

In den Produktionsbereichen sieht es häufig ganz anders aus. Bei Ford in Köln (kein Unternehmen, dass sich dadurch hervortut, dass es wirtschaftlich so prosperierend ist) bekommen ältere Mitarbeitende ab fünfzig Jahre fünfzig Tage Urlaub. Tolle Leistung. Da kann kein Mittelständler mithalten.

Zwar hat der Mittelstand in den letzten Jahren ganz praktisch und konkret (wie das ja häufig mittelständische Erfolgsfaktoren sind) in puncto Flexibilität und Modernität der Arbeitsbedingungen gegenüber der Konzernwelt ganz schön aufgeholt. Aber ein möglicher systembedingter Nachteil im Gegensatz zum Arbeiten in Konzernstrukturen bleibt: Hier passt noch jemand aufs Geld auf.

Konkret: Man kann nur ausgeben, was man auch einnimmt.

Ganz konkret: Menschen in mittelständischen Unternehmen müssen sich (und zwar zum Teil deutlich direkter als in Konzernen) rechnen, weil die Wertschöpfung eben nicht so stark durch Effizienzsteigerungen bei irgendwelchen Zulieferern oder Skalierungserfolgen von Lieferanten erfolgen kann.

Am Ende der Fresskette muss man sich eben nicht immer ganz so stark anstrengen. Das haben ja die Unternehmen vorher meist schon übernommen.

Ein junger Mann – gerade das Abi in der Tasche – bekommt einen Job und soll im grafischen Betrieb Datenabgleich machen. Eine leichte und nicht anstrengende Arbeit. Nach zwei Tagen hat er schon genug und beschwert sich lautstark.

Ein Inhaber eines mittelständischen Unternehmens: »Mein Sohn? Für zehn bis zwölf Euro in meinem Betrieb arbeiten? Keine Chance.«

Am ehesten könnten die Flexibilitäten in Verbindung mit guter Bezahlung noch von den freien Berufen erfüllt werden, allerdings entspricht auch hier das Thema Arbeitszeit häufig nicht den Vorstellungen vom pünktlichen Feierabend.

Die von jungen Menschen sehr attraktiv empfundenen Start-ups sind häufig auch nur am Anfang so bezaubernd. Es ist ja auch wirklich ganz nett, anderer Menschen erwirtschaftetes Geld in Lernerfahrungen transformieren zu können. Wenn dann allerdings erste Krisen kommen (und die kommen) und das Geschäftsmodell sich wirklich tragen muss, tauchen häufig dieselben Probleme auf, wie in anderen Firmen auch.

Menschen müssen für die Organisation, für die sie arbeiten, einen Mehrwert erbringen. Und in gewinnorientierten Unternehmen muss der eben sichtbar, messbar, zählbar sein.

9.8 Junge Menschen fühlen sich direkt von Anfang an als vollwertiges Mitglied des Teams

Unter anderem durch den beratenden Erziehungsstil auf Augenhöhe und den Verfall von Autoritäten in den Bildung-Institutionen zieht in viele Bereiche des Arbeitslebens eine sehr starke Demokratisierung ein. »Ich bin einfach gewöhnt, dass ich voll mitreden kann«, so ein Bildungsbürger-Spross im ersten Berufsjahr.

Die Unternehmen haben im Laufe der letzten dreißig Jahre viel in die Themen Personalauswahl und Talent-Management investiert. Leider kann keines dieser Verfahren oder Vorgehensweisen Geeignete identifizieren, sondern nur helfen, Ungeeignete abzulehnen. Der Reifegrad der Berufsanfänger wird jedoch auf breiter Front immer geringer.

Eine Partnerin einer Unternehmensberatung beklagt sich bitterlich bei mir: Sie habe eine junge Mitarbeiterin, die einfach nicht glauben wolle, dass Kunden auch schon einmal kompliziert und anspruchsvoll seien. Diese Mitarbeiterin äußerte bei jeder passenden und unpassenden Gelegenheit lautstark, dass sie die an manchen Stellen gezeigte Vorsicht und Zurückhaltung der Partner der Unternehmensberatung den Kunden gegenüber für nicht sinnvoll halte.

Leider war es auch nicht so, dass die junge Kollegin etwas auf die Erfahrung der Älteren gab. In ihrer Welt sind zum Mitreden erworbene Erfahrungen oder Kompetenzen nicht erforderlich. So nimmt das Unglück seinen Lauf.

Am Ende ist die junge Beraterin zwar um eine Erfahrung (die die erfahrenere Kollegin schon lange hatte) reicher, aber das Unternehmen den jahrelang erfolgreich betreuten Kunden eben auch quitt.

Eine in der Ausbildung junger Menschen erfahrene Führungskraft: »Es ist heute noch viel wichtiger als früher, Stabilität ins Team zu bringen. Ich brauche viel öfter Eins-zu-eins-Situationen und muss Themen in ihrer Spreizung erklären. Die jungen Menschen suchen spielerisch nach Orientierung, aber glauben häufig nicht mehr einfach alles, nur weil man älter ist.

Niemand will War-Storys von früher hören. Ich muss heute als Führungskraft viel stärker erklären, welchen Beitrag die jeweilige Arbeit für den Erfolg des Ganzen bedeutet. Und das müssen die jungen Menschen dann gut finden. Ich muss ein Bild und ein Ziel malen, in dem sie einen Teil der Lösung in und durch sich erkennen.

Ich brauche viel mehr Zeit für Kommunikation, um mit den jungen Leuten zu sprechen. Meine Erfahrung ist aber, dass sie doch recht viele Sichtweisen übernehmen, wenn ich viel mit ihnen rede. Aber ich muss auch immer wieder Themen vormachen, die die jungen Mitarbeitenden nicht können.«

9.9 Motivation heute

Wie schafft man es, junge Menschen von heute zu dauerhafter Leistung zu bringen? Der Schlüssel liegt in der angemessenen Kommunikation, sie stimuliert die Entfaltung von Potenzialen. Die Kaltes-Wasser-Methodik sind viele junge Menschen nicht mehr gewöhnt. Auch wenn Sie sie bei sich selbst als sinnvoll oder auch als normal erlebt haben – verzichten Sie lieber darauf. Unterstützen Sie stattdessen die persönliche Entfaltung Ihrer Mitarbeitenden!

»Hilf mir, es selbst zu tun.«

Maria Montessoris (1870–1952) Gedankenwelten sind aktueller denn je.

Gehen Sie auf Ihre Mitarbeitenden zu und öffnen Sie sich ihren Anliegen. Aber engen Sie sie nicht ein! Immer gleichzeitig: fördern und fordern. Nicht zu viel und nicht zu wenig. Aber Vorsicht: Moderne, agile Arbeitsmethoden in Organisationen wie etwa Scrum oder Kanban setzen ein hohes Maß an Selbstverantwortung und Eigenständigkeit voraus. Diese Selbststeuerung und Selbstregulation von jungen Menschen direkt zu verlangen, kann eine deutliche Überforderung sein, denn sie haben es vorher in den verschulten und unterstützenden Systemen häufig nicht gelernt.

Viele der Erwartungen und Eigenschaften junger Generationen passen zum agilen Arbeiten aber sehr gut:

Arbeit auf Augenhöhe statt in starren Hierarchien:
- Rollen im Projekt sind entscheidend für den Projekterfolg, Positionen wird kein hoher Wert beigemessen.
- Führungsrollen werden situativ und kollektiv gewählt und können auch wieder problemlos verlassen werden.
- Partnerschaftlicher und respektvoller Umgang auf Augenhöhe mit Allen.

Gemeinsamer Erfolg im Projekt ist wichtig:
- ein hohes Interesse an erfolgreicher Projektarbeit,
- eine hohe Anpassungsfähigkeit an Veränderungen,
- ein hohes Interesse an der Gestaltung, dem Ablauf und der Zusammensetzung von Projektteams (was zum Beispiel informelle Führung oder agile Arbeitsformen betrifft ...)
- eine gute Passung in Teams mit großen kulturellen, ethischen und demografischen Unterschieden (weil sie häufig aus der internationalen akademischen Ausbildung gewohnt sind, divers zu arbeiten).

Flexible Arbeitsgestaltung:
- die flexible Gestaltung von Arbeitsplatz, -zeit und -ort ist für Menschen junger Generationen häufig kein Problem,
- die Gestaltung der eigenen Arbeitswelt ist für sie häufig ein wichtiger Punkt, wird jedoch stellenweise auch wenig sach-, kosten- und nutzenorientiert gefordert,
- die Übernahme von Verantwortung zum Beispiel für Termineinhaltungen, Kundenanforderungen und Team- oder Arbeitsgruppenergebnisse kann dann gut gelingen, wenn die Sinnhaftigkeit des Tuns gesehen und das Gefühl der eigenen Handlungswirksamkeit und Bedeutungshaftigkeit vorhanden ist und bleibt.

9.10 Erfahrung gezielt einsetzen

Spielen Sie Ihr Wissen aus. Das verschafft Ihnen persönliche Akzeptanz. Sie können nicht mehr davon ausgehen, dass Ihnen Respekt und Akzeptanz entgegengebracht wird, nur weil Sie älter und erfahrener sind.
Sie müssen sich diese immer wieder erwerben. Sagen Sie Folgen von Entwicklungen oder Unterlassungen voraus und mit etwas Glück treffen die Resultate dann auch ein.
Als Projektleiter ist derjenige mit der meisten Erfahrung und relevantem Wissen meist sehr akzeptiert. Sprechen Sie Wahrheiten aus, die sich die anderen nicht trauen. Das schafft zusätzlichen Respekt.

9.11 Coaching und noch mal: Coaching

Begegnen Sie Ihren jungen Mitarbeitern auf Augenhöhe. Viele junge Menschen reagieren empfindlich auf Bevormundung und Einschränkung. Schenken Sie ihnen Gehör und öffnen Sie sich ihren Arbeitsweisen und ihren Anliegen. Erinnern Sie sich, was die erfahrene Führungskraft weiter vorne berichtete: »Ich brauche heute viel mehr Eins-zu-eins-Meetings als früher.« Fragen Sie sie nach ihrer Sichtweise. Erläutern Sie mögliche Konsequenzen des fortgesetzten Handelns. Es ist für viele der jüngeren Menschen schwierig, die für die zukünftige berufliche Entwicklung richtigen Prioritäten zu setzen und mit der Komplexität der heutigen Berufswelt fertig zu werden.

Es gibt für viele der jungen Menschen kein klares Konzept mehr für das berufliche Leben:

Früher gaben das erworbene Wissen, die erarbeiteten Fähigkeiten, die erfüllte Funktion und die Aufgabe einen stabilisierenden Rahmen. Man wurde von einer Organisation engagiert, weil man eine relativ klar definierte Aufgabe zu erfüllen hatte.

Heute geht es um die Frage, wie schnell sie sich verändern können. Was sie als Mensch mit ihrem menschlichen Wissen erreichen können. Wie sie in einer sich schnell zusammenfindenden Konstellation heterogener und zum Teil auch komplementärer Teams problemlos und reibungsfrei funktionieren. Das schnelle Verlassen der ursprünglichen Tätigkeit ist heute in modernen Organisationen der Normalfall.

Viele der jungen Menschen leben im Hier und Jetzt, suchen aber und brauchen auch Orientierung und Erklärungen, was morgen kommt oder kommen könnte.

Unterstützen Sie die persönliche Entfaltung Ihrer Mitarbeitenden. Das ist ihnen wichtig, aber sie Sie müssen auch wissen, dass viele es als selbstverständlich empfinden.

Erwarten Sie keine Dankbarkeit. Viele der jüngeren Menschen sind noch im Kinder-Eltern-Modus. Sie glauben, dass ihnen die Anstrengungen der Älteren zustehen, einfach, weil sie die Jüngeren sind.

Bringen Sie den Blick der jungen Menschen nach vorne. Sie an Ihrer vergangenen Entwicklung aus vergangenen Tagen teilhaben zu lassen, hilft ihnen wenig. Die Zeiten und die Umstände sind wirklich andere.

Was bedeutet das für das Thema Feedback?

Den Digital Natives der Generationen Y und Z sagt man nach, dass sie geradezu rückmeldungssüchtig seien. Zu erfahren, wie andere über sie denken – davon können sie gar nicht genug bekommen: Haben Sie im Web etwas gepostet, hagelt es Kommentare dazu; wer bei eBay ein schnell und gut agierender Verkäufer ist, bekommt fünf Sterne und jedes geerntete Like auf Facebook oder Instagram wirkt wie ein Schulterklopfen.

Ich habe vor kurzem einen sehr amüsanten Beitrag einer meiner Lieblings-Podcasts *Herrengedeck* gehört, der sich ganz wesentlich um das Thema blauer Haken bei Instagram drehte. Die Verletzung, das eine der Podcasterinnen einen blauen Haken von Instagram bekommen hat und die andere (noch) nicht, wurde – vordergründig – von ihr lächerlich gemacht und heruntergespielt. Im Untergrund schien die Schmach der Missachtung aber dann doch sehr deutlich zu wirken und kam immer wieder mal zum Vorschein.

Durch ihre Erziehung und die dadurch gewonnenen Gewohnheiten, dass sie individuell behandelt werden, ihre emotionalen Befindlichkeiten berücksichtigt werden, dass sie viel Verständnis bei Fehlern erfahren und jederzeit unterstützt werden, ist die Gewöhnung an ein offenes und ständiges Feedback entstanden. Während es bei früheren Führungskräfte-Generationen noch hieß: »Wenn kein Feedback kommt, ist alles okay«, könnte dieses Ausbleiben heute den wichtigen, notwendigen und auch haltgebenden Rahmen vorenthalten. Feedback ist also ein entscheidender Schlüssel.

Durch die scheinbare Vielfalt der Möglichkeiten und den Wegfall resilienzaufbauender Bewährungsmöglichkeiten (ein Effekt der immer häufiger anzutreffenden Helikoptereltern), sind junge Menschen aktueller Generationen häufig zwar äußerlich oft selbstsicherer, innerlich aber auch oft unsicherer als die Generationen vorher.

Was die Generationen Y und Z brauchen, sind Führungskräfte, die auf ihre Bedürfnisse eingehen. Sie wünschen sich von Ihnen Aufmerksamkeit, Fürsorge, Mitsprache und intensives Feedback sowie Struktur, Anleitung und klar definierte Ziele.

Seien Sie also in Reichweite und auch selbst offen für das Geben und Nehmen von Feedback.

Um den Anforderungen an die Art und die Gestaltung von Feedback gerecht werden zu können, empfehle ich Ihnen das folgende Vorgehen:

Bieten Sie:
- regelmäßiges, kurzes Feedback (idealerweise mehrmals wöchentlich, ausführlichere Gespräche im Monatsturnus),

- Feedback mit Anerkennung der Leistung und konkreten Beispielen für Verbesserungspotenzial,
- Feedback nach erledigten Aufgaben,
- zeitnahe Rückmeldung bei Fragen,
- zum Feedback auch Messgrößen für den Erfolg, wie zum Beispiel Umsatz, verkaufte Mengen, Kundenrückmeldungen oder Ähnliches,
- regelmäßige Treffen, um mögliche Konflikte bereits in der Entstehungsphase zu entschärfen.

9.12 »Wenn ich der das sage, weint die aber!« Oder: Feedback kann auch kritisch sein

Eine Oberärztin an einer Uniklinik (ein Hort der deutschen Spitzenmedizin-Ausbildung) sagte im Seminar: »Wenn ich das dieser Assistenzärztin sage, dann weint die aber.«

Tja, stimmt wahrscheinlich. Viele dieser unangenehmen Feedback-Aufgaben haben die Ausbildungsinstitutionen inzwischen (inklusive der Fachhochschulen und Universitäten) auf die Unternehmen verlagert. Die Schulen und Hochschulen sagen den jungen Menschen eben oft nicht mehr, dass ihre Leistungen nur ausreichend oder maximal befriedigend waren. Dann stehen nämlich schnell die Eltern mit dem Rechtsanwalt vor der Türe, so eine weit verbreitete Befürchtung bei Lehrern. Wenn es hinterher im Unternehmen aber um reale Leistungen und nicht nur Klassenarbeiten und Prüfungen geht, sind viele junge Menschen den Umgang mit Rückmeldungen über schwache oder schlechte Leistungen kaum gewöhnt.

Ich musste mit einer fünfunddreißigjährigen, promovierten Psychologin allen Ernstes erarbeiten, dass Feedback auch kritisch sein kann. Bis zu diesem Alter war Feedback für sie ausschließlich positiv besetzt. Sie hatte eben bis zu diesem Zeitpunkt auch kein wirklich kritisches Feedback bekommen.

Viele junge Menschen wirken auf Menschen aus der Babyboomer-Genera-tion erstaunlich selbstsicher. Die an Schulen und Hochschulen inzwischen verbreiteten, praxisorientierten Präsentations- und Auftreten-Kurse zei-gen also Wirkung. Auch scheinen viele entsprechende Role-Models auf You-Tube vorhanden zu sein.

Behalten Sie aber bitte als Führungskraft immer im Blick, dass eine ganze Anzahl dieser jungen Menschen innerlich häufig eher unsicherer ist, als Sie es von Menschen ihrer Generation kennen. Hart austeilen, aber nichts einstecken können, ist daher ein sehr weit verbreitetes Verhaltensmuster.

Die Kritik, die junge Mitarbeitende an Arbeits- und Ausbildungsbedingun-gen äußern, wirkt in ihrer Klarheit und Direktheit für ältere Menschen oft anmaßend und sogar vernichtend, während die älteren Menschen die Be-dingungen – im Vergleich zu den Bedingungen ihrer eigenen Ausbildungs-situation – als gut oder sogar sehr gut bewerten.

»Ich möchte hier möglichst viel mitnehmen« – ein oft gehörter Satz in Bewerbungsgesprächen. Welchen Beitrag sie denn liefern könnten, ist als Gedanke oft deutlich weniger präsent.

9.13 Bewahren Sie Ihre Wertmaßstäbe

»Ich möchte große Strategie-Projekte machen.«

Beraterin, Anfang drittes Jahr

Viele der jungen Menschen kommen heute ungeprägt und voller Illusionen ins Berufsleben.

Der YouTuber LeFloid bekommt eine eigene Sendung im Premium Bezahl-kanal von YouTube, Lena Meyer-Landrut versucht sich nach ihrem Über-raschungserfolg beim Eurovision Song Contest weiter als Sängerin und eine

Psychologiestudentin namens Julia Engelmann füllt ganze Hallen mit Kalenderweisheiten, weil sie auf einem Poetry-Slam mal einen Liedtext wirklich erfrischend niedlich rezitiert hat.

Heute reicht es, drei Akkorde richtig spielen zu können, schon sind Sie Vorbild. Das macht nichts. Nehmen Sie es mit Humor. Sie wissen, dass der Dauerlauf Leben und Berufsleben noch bevorsteht. Fördern Sie die Flexibilität und Eigenständigkeit Ihrer jungen Mitarbeitenden.

Junge Menschen können viel Energie in Ihr Team, Ihre Abteilung oder Ihr Unternehmen bringen. Sie entfalten – und das ist nicht anders als bei älteren Menschen – unverändert eine hohe intrinsische Motivation, wenn sie etwas als sinnvoll und herausfordernd empfinden. Sie laufen zwar heute nicht mehr schneller wegen irgendeines Bonusses, aber sie sind mit ziemlicher Sicherheit demotiviert, wenn Anerkennung und Erfolg ausbleiben.

Die Währungseinheiten sind heute noch viel stärker Wertschätzung und Anerkennung. Das war früher sicher auch wichtig, konnte aber bei Bedarf auch einfach stärker durch Geld oder Status kompensiert oder ersetzt werden.

Erfahrene Führungskräfte wissen aber: Nicht jedes Projekt wird im Alltag Erfolg haben. Dann müssen Sie auch ruhig eher mal bremsen.

Wer realistisch handelt, rennt keinen träumerischen Vorstellungen von Herausforderungen, Karriere und Erfolg hinterher. Die dann erwartbaren Misserfolge bremsen nicht nur die eigene Entwicklung in ohnehin sehr schnellen Zeiten, sondern realistisches Erwartungsmanagement verhindert auch den klassischen Burn-out, wenn allzu verbissen agiert wird. Denken Sie an die im Durchschnitt geringer vorhandenen Resilienzen und die dadurch leichter wirksamen, lang anhaltenden Traumatisierungen.

Stiften Sie Sinn in spannenden Projekten und Sie werden Willen, Hingabe und Durchhaltevermögen vieler Menschen jüngerer Generationen ernten.

9.14 Führungskräfte können heute viel weniger implizite Fähigkeiten voraussetzen und müssen viel mehr explizit arbeiten

»Wat ne Kolben is, dat kam mer net explizieren, dat steht im Buch. Et steht überhaupt allet im Buch, wat ich sach. Bloß nit so schön.«

Lehrer Bömmel in: Die Feuerzangenbowle von Heinrich Spoerl

Erinnern Sie sich noch an die verbreiteten Regeln in der Grundschule, von denen ich weiter vorne berichtet habe? Sie müssen als Führungskraft heute mit noch viel stärker heterogenen Vorstellungswelten von Arbeit, Leistung, Zeiteinsatz, Anstrengungsbereitschaft und Fokussierung zurechtkommen als früher.

Es ist sicher richtig, dass – regelt man zu viel – manche Menschen dazu tendieren, immer mehr Verantwortung abzugeben. Sie verhalten sich dann gedankenloser als ohne die Regeln. Wahrscheinlich stimmt es aber auch, dass ein Mindestmaß an Regelungen für das konfliktfreie Zusammenleben von Gruppen und Teams, Abteilungen und ganzen Unternehmen hilfreich und förderlich ist. Dabei ist jedoch zu beachten: In heterogenen Organisationen mit unterschiedlichen Geschäftsfeldern können die Erfolgsfaktoren sehr unterschiedlich sein und es ist dann gar nicht so einfach, allen beteiligten und besonders den unbeteiligten Menschen zu vermitteln, warum die sich daraus ergebenden Prämissen und Regelungen unterschiedlich sind.

Beispiel Personal- und Unternehmensberatung

In dem Haus, in dem ich meinen Beruf gelernt habe, der Personal- und Unternehmensberatung Kienbaum, gab es, als ich 1988 dort begonnen habe, bereits vier sehr unterschiedliche Geschäftsfelder:

- Ein anzeigengestütztes Personalvermittlungsgeschäft (das Headhunting, gegen das man sich im Hause jahrelang sehr gesträubt hatte, wurde auch zu dieser Zeit noch immer als moralisch sehr kritisch beäugt und steckte in Deutschland insgesamt noch in den Kinderschuhen). Im Grunde ein Maklergeschäft, im Kern vergleichbar mit Wohnungsmaklern oder Heiratsvermittlern.
- Es gab ein klassisches, branchenspezifisch aufgestelltes Unternehmensberatungsgeschäft. Die Erfolgsfaktoren hier sind tiefes Know-how und breite Erfahrungen – sowohl basierend auf Branchenkenntnissen, aber auch auf Tools und Erfahrungen mit unterschiedlichen Projekttypen.
- Es gab ein sehr erfolgreiches Geschäft mit Vergütungsstudien und angrenzenden Produkten und Leistungen. Dr. Heinz Evers hatte im Laufe der Jahre um ein Verlagsgeschäft herum lukrative Zusatzleistungen wie Studien und individuelle Vergütungsberatungen aufgebaut.
- Und es gab den damals neu etablierten Bereich Personalentwicklung und -beurteilung, den mein damaliger Chef und späterer Kollege, Dr. Walter Jochmann, aufbaute. Die hier durchgeführten Projekte wie Assessment-Center, Trainings und psychologischen Testauswertungen stellten wiederum ganz andere Bedingungen an die dort arbeitenden Menschen als die drei vorherigen Segmente.

Das Thema der gemeinsamen Zusammenarbeit der vier unterschiedlichen Bereiche mit ihren unterschiedlichen Erfolgsfaktoren und notwendigen Kompetenzen, aber auch Typen, hat mich meine gesamte Zeit dort intensiv beschäftigt. Und – ich kann viel davon berichten, wie schwer es Menschen fällt, wirklich zuzuhören, zu verstehen und dann auch einzusehen, dass andere Menschen in anderen Geschäftsfeldern mit ganz anderen Methoden und Vorgehensweisen erfolgreicher sind, als man selbst.

Ein erfahrener Konzern-Manager: »Bei allen Freiheiten und Zugeständnissen gilt es gleichzeitig, gewisse Spielregeln zu wahren und aufzuzeigen. Unternehmen müssen auch in Zukunft im Wettbewerb bestehen können. Dazu wird es auch weiterhin Disziplin und Durchhaltevermögen brauchen.«

Grundsätzlich würde ich dazu raten, generell gültige, gedankliche Prämissen zu etablieren, aus denen sich die einzelnen Menschen, Arbeitsgruppen und Teams dann ihre speziellen Prämissen ableiten können.

Und wenn irgendetwas dauerhaft nicht klappt, denken Sie an die Tafel in der Schulklasse: Erstaunlicherweise (für ältere Menschen) klappt das bei jungen Menschen von heute halbwegs gut. Sie sind Regeln gewohnt und brauchen sie auch, um leistungsfähig zu sein. Sie kommen eben nicht aus Generationen, die sich auflehnen.

9.15 Es muss gut hingeschaut werden, wer ausgebildet wird und wie viel Herzblut investiert werden soll und kann

Da Bildung in unseren modernen Wohlstandsgesellschaften allen Menschen zugänglich ist, wird sie von vielen jungen Menschen nicht mehr als Privileg, sondern als Selbstverständlichkeit betrachtet.

Viele junge Menschen betrachten es folgerichtig auch als ihr Anrecht, von Ihnen für den Beruf gut ausgebildet zu werden. Ob Sie das leisten können und wollen ist meiner Erfahrung nach heute viel mehr Teil einer individuellen Verhandlungssituation als früher. Denn heute können Sie leider oft nicht mehr so sicher sein, auch nur wenigstens einige der Früchte Ihrer Ausbildungsarbeit ernten zu können.

Ich selbst hatte in den vergangenen Jahrzehnten mit der Auswahl von Mitarbeitenden mit Potenzial oft viel Glück, aber in den letzten Jahren auch nicht mehr immer. Manche junge Menschen verstehen gar nicht, dass im betrieblichen und Organisationsalltag andere Deals gelten, als in der Schule oder der Universität.

Bei uns arbeitete eine intelligente junge Berufseinsteigerin mit einem gigantischen Anspruchsdenken. Selbstbewusst bis zum Anschlag, hatte sie fast immer eine große Klappe, zu allem und jedem eine nicht durchgängig reflektierte Meinung, war schroff in ihren Statements und geriet so mit vielen Kolleginnen und Kollegen aneinander.

Was sie in ihrer hohen Selbstüberzeugung nicht mitbekam: Nicht nur ich nahm früh Abstand von ihr und bemühte mich nicht mehr besonders darum, ihr etwas beizubringen. Eine sehr erfahrene Kollegin von mir kam mit ihrer Art trotzdem klar, gab sich viel Mühe und bildete sie intensiv aus.

Nach knapp zwei Jahren verließ sie uns wieder. Im Abschlussgespräch beklagte sie sich bitterlich und in der ihr eigenen unverschämten Art über all die empfundenen Zumutungen und Belastungen die ihr widerfahren seien – samt den beratungstypischen Arbeitszeiten (von denen sie vorher wusste), die ja nur ihrer persönlichen Ausbeutung (sie hatte auch noch das eine oder andere Klassenkampf-Thema) dienten. Und fragte allen Ernstes dann noch nach einer für sie vorteilhaften sozialversicherungstechnischen Regelung des Ausscheidens. So viel Klassenkampf musste es dann eben doch nicht sein, als dass man nicht alle individuellen Vorteile möglichst restlos mitnimmt.

Danach hatte meine Kollegin restlos genug. Sie wird nie wieder junge Menschen an unseren interessanten Beruf heranführen, obwohl sie das über zwanzig Jahre immer gerne gemacht hat.

Ich kenne inzwischen eine ganze Anzahl Oberärzte, Steuerberater, Wirtschaftsprüfer, Rechtsanwälte, Ingenieure und Handwerker, die mehr oder weniger ähnliche Erfahrungen gemacht haben.

Und leider oft, aber absolut verständlich, mehr oder weniger ähnliche Schlussfolgerungen für ihr eigenes Führungs- und Ausbildungsverhalten daraus ziehen.

9.16 socialmedia@work

»Ein Aufstand der Jugend wäre mal wieder fällig. Aber solange es dafür keine App auf dem Smartphone gibt, sehe ich schwarz.«

Thomas Gottschalk, Fernsehmoderator

Eine wichtige Frage der Mitarbeiterbindung und Unternehmenskultur im Zeitalter der Digitalisierung ist, inwieweit es Mitarbeitenden erlaubt ist, soziale Medien auch privat in ihrer Arbeitszeit zu nutzen, oder ob dies als verwerflich gilt. Ich treffe immer noch Führungskräfte, die private Handys am liebsten verbieten würden und versuchen zu erfassen, wie oft ihre Mitarbeitenden private Nachrichten schreiben.

Ich halte diese Gedankenwelt für rückständig. Junge Menschen der Generation Z leben im Internet. Sie sind seit dem Kita-Alter Tablets und Smartphones in ihrem Leben gewohnt. Gestatten Sie den Digital Natives, dies auch am Arbeitsplatz zu sein! Das Internet ist ihr Zugang zu Netzwerken, zu sozialem Austausch und auch ihre Quelle von Informationen und Wissen.

Heute ist es für junge Menschen normal, immer online und über die sozialen Medien mit ihrem privaten Umfeld verbunden zu sein oder schnell über neueste Informationen zu verfügen. Dennoch gibt es nach wie vor Unternehmen, in denen die private Nutzung des Internets während der Arbeitszeit verboten ist.

Selbstverständlich soll kein Mitarbeitender seinen Arbeitstag mit privaten Aktivitäten in sozialen Netzwerken oder im Netz insgesamt verbringen, dies aber ganz auszuschließen und eine entsprechende Ausstattung der Mitarbeitenden zu verhindern, erscheint auch unter dem Gesichtspunkt der Mitarbeiterbindung nicht mehr angebracht.

Ermöglichen Sie eine mit der Erfahrung ansteigende freiere Gestaltung des Arbeitsortes und der Arbeitszeit und schauen Sie auf die Performance. Wird sie besser? Stimmen die Ergebnisse oder dauert die Bearbeitung von Themen über Gebühr lange?

Wenn die Ergebnisse und der Output nicht stimmen, ist es sicher notwendig, notorische Smombies (Smartphone-Zombies) darauf hinzuweisen, dass es Notwendigkeiten der Konzentration und Fokussierung gibt. Ich sehe, dass es viele Vorurteile gegenüber Menschen junger Generationen gibt, erlebe aber im Alltag meist, dass – wenn die Aufgaben interessant und abwechslungsreich sind – auch durchaus eine entsprechende Fokussierung und Konzentration auf eine gute Aufgabenerfüllung erfolgt.

Ich rate hier zu einer generellen, weitgehend angepassten Flexibilität. Moderne Arbeitsumgebungen erlauben keine Orientierung am Aufwand, sondern nur am Ergebnis und das ist auch richtig so.

Hier werden wir sicher mit der Generation Z noch die eine oder andere Diskussion vor uns haben. Der Wunsch, innerhalb der Tätigkeit für private Themen über hohe Flexibilität zu verfügen, aber trotzdem pünktlich Feierabend zu haben, wird genau so wenig vollständig Realität, wie das Erlernen eines komplexen Berufs (wie etwa Arzt oder Anwalt) ausschließlich innerhalb der bezahlten Arbeitszeit.

Eine starre Trennung der Welten passt aus meiner Sicht nicht zu der Anforderung an höherwertige (und damit auch besser bezahlte) Berufe, in
der privaten Zeit auf wichtige Informationen aus dem Unternehmen zu
reagieren oder schnell mal eine E-Mail zu schreiben.

Das bedeutet aus unserer Sicht nicht, dass man als Führungskraft die Erwartung haben darf, dass Mitarbeitende abends oder am Wochenende auf
gesendete E-Mails reagieren, aber die allen Ernstes vorgebrachte Forderung
der IG Metall, etwa in einem Großkonzern nach 18 Uhr die E-Mail-Server
abzuschalten, erscheint doch eher der Dampfradio-Zeit als einer modernen
Business-Umgebung entsprungen.

Mitarbeiterbindung im Zeitalter der Digitalisierung heißt also auch, Mitarbeitende so auszustatten, dass sie ihre Informations- und Kommunikationsbe-
dürfnisse erfüllen können. Das heißt, ihnen die technische Ausstattung zur
Verfügung zu stellen, die zum Beispiel einen schnellen Informationsgewinn,
den sozialen Austausch, eine Vereinfachung der Arbeit oder eine zeit- und
ortsunabhängige Leistungserbringung erlaubt. Ob Slack oder Teams von Mi-
crosoft: Menschen arbeiten heute in ihrem privaten Umfeld mit modernsten
Medien und erwarten dies richtigerweise auch von ihrem Arbeitgeber.

9.17 Sie sind nicht illoyal – sie sind noch gar nicht loyal gewesen

»Mein Freund hat mich verlassen, ich brauche jetzt ein neues Leben.«

Kündigungsbegründung einer Generation Y-Mitarbeiterin

Denken Sie nicht, junge Menschen sind illoyal, wenn sie bei der kleinsten
Anforderung oder auftauchenden gefühlten Langeweile das Handtuch werfen. (»Ich kann hier nichts mehr lernen.« BA-Student im Einzelhandels-
konzern im zweiten (!!) Jahr) In ihrem Inneren sind sie in ihren ersten
Berufsjahren häufig sowieso nur zu Besuch.

»Ich will möglichst viel lernen«, so die offizielle Aussage und die unerfahrene Führungskraft freut sich schon. »Wie toll, sie sind so lernbegierig, um Dinge dann noch besser zu können«, freut sich Tante Gute-Liese aus der Personalentwicklungsabteilung. Das ist jedoch nur ein Teil der Wahrheit. Die darunterliegende Botschaft ist häufig: »Ich möchte möglichst viel mitnehmen.« Und das hört sich dann schon ganz anders an.

Die Planung der jungen Mitarbeitenden ist heute anders: Sie haben gar nicht vor, ihr Leben lang bei einem Unternehmen beschäftigt zu sein. Das erhöht unter anderem auch die Wechselbereitschaft.

»Ich bin ganz schön demotiviert«, empfängt mich der Sohn eines Freundes. Ich frage, was denn los ist, schließlich hat er den Job erst vor wenigen Monaten angetreten.

»Die Projekte sind ja interessant, aber wir sollten jetzt an einem Teambuilding teilnehmen und die Zimmer für die Übernachtung selbst zahlen.« Klassischer Symbolfehler denke ich. Das sollte man als Unternehmen nicht machen. Wenn schon zu einer dienstlichen Veranstaltung eingeladen wird, sollte das Unternehmen wenigstens auch den Aufwand zahlen.

Ich mach mir also echte Sorgen um die Big four der Wirtschaftsprüfer-Gilde. Wenn es denen so schlecht geht, dass sie die Teilnahme an solchen Teambuildings nicht mehr finanzieren können, kommt ja wirklich was auf die zu. Und ja, es geht ihnen zum Teil wirklich schlecht. Wirtschaftsprüfer zum Beispiel haben auch durch eigenes Verschulden (Enron, VW et cetera) ihren Ruf so ruiniert, dass die Kunden immer weniger zahlen wollen für die als nicht wertschöpfend empfundene Attestatsleistung.

Allerdings kommen die zukünftigen Probleme auch in Gestalt junger Mitarbeitender aus Wohlstandsländern: Einstig ins Unternehmen über ein duales Studium, weil für ein volles Studium an einer Universität dann oft die Motivation fehlt. Dann für den sich anschließenden MBA freigestellt, weil sich das Unternehmen davon verspricht, dass diese Förderung für die Menschen jüngerer Generationen attraktiv ist, sie ja bereits heute massive

Mein Freund hat mich verlassen, ich brauche jetzt ein neues Leben.

Kündigungsbegründung einer Generation Y-Mitarbeiterin

Schwierigkeiten bei der Suche nach jungen Einsteigern in dieser Zielgruppe haben und sich auf andere Weise eben nicht mehr genug junge Leute finden. Also akzeptiert das Unternehmen, dass die jungen Mitarbeiter in den ersten Jahren relativ wenig monetären Umsatz für das Unternehmen bringen und hoffen auf einen späteren Pay-off. Wenn sie sich da nicht in einer ganzen Anzahl von Fällen täuschen werden.

Jetzt wird der junge Kollege gerade Mal seit ein paar Monaten im Einsatz vor Ort »gecharged« (Beraterjargon für »Abrechenbar beim Kunden beschäftigt«), schon taucht Dissonanz auf. Sie wollen ein immer größeres Stück vom Kuchen abhaben. Kein Problem – wenn es eingespielt wird. Aber was, wenn nicht?

Vom Alter her noch unter dreißig, aber alles ist schon zu viel. Zu viel Arbeit, zu wenig Anerkennung, zu geringe Vergütung.

Ein erheblicher Prozentsatz (sicher nicht alle) Mitarbeitende der jüngeren Generationen ist nicht mehr so stark an langfristigen Bindungen interessiert und viel stärker geneigt, verschiedene Dinge für sich auszuprobieren.

Die Angebote sind ja auch vorhanden. Auch testen sie sehr genau, ob ein gewählter Arbeitgeber zu ihnen passt. Werden ihre individuellen Bedürfnisse von einem Arbeitgeber nicht ausreichend befriedigt, schauen sie schnell, was andere Arbeitgeber ihnen zu bieten haben.

»Als ich im ersten Job (nach Studium und Promotion) dann mehr zum Kunden sollte (nach zweieinhalb Jahren), war mir das zu anstrengend, da hab ich mir was anderes gesucht. Das war dann aber ganz blöd, da habe ich dann nach einem Jahr gekündigt. Dann war es Zeit für das erste Kind und jetzt hab ich eigentlich keine Lust mehr so fremdbestimmt zu arbeiten. Ich mach jetzt eine Physiotherapeuten-Ausbildung.« (Promoviert, Ende dreißig, insgesamt dreieinhalb Jahre in Unternehmen gearbeitet. Die restliche Zeit promoviert oder sich selbst weitergebildet).

»Ich hätte mir mehr Dankbarkeit von dem Unternehmen erwartet.« (Zweiter Job nach Hochschulstudium, nach zwei Jahren aufgegeben).

»Ich hätte nie gedacht, dass es noch schlimmer werden könnte.« (Dritter Jobwechsel innerhalb des ersten (!) Berufsjahres nach dem Master an einer Fachhochschule.)

»Ich bin so unglücklich. Mit dem Job, mit meiner Chefin. Ich überlege die ganze Zeit, ob ich nicht das Trainee-Programm hinschmeißen soll. Ich will eigentlich lieber wieder an der Kite-Surfing-Schule jobben, so wie früher. Da war es schön, da war ich glücklich.« (Vierundzwanzig Jahre alt und noch keine zwei Jahre im Job). »Und dabei habe ich so Angst zu einer zu weichen Generation zu gehören, die bei jeder kleinen Belastung gleich hinwirft. Ich will nicht so eine Generation Z Lusche sein.« Meta-Sorgen. Ziehen zusätzlich Energie und verunsichern noch mehr.

Denken Sie an die Soziologen-Aussage: »Ab Mitte dreißig werden sie erwachsen.« Klar, erst dann tauchen heute ja auch Dinge im Leben auf, die man nicht so ganz einfach mehr loswerden kann, also muss man sich dann mit denen auseinandersetzen.

9.18 Führungskräfte sind inzwischen häufig gar nicht mehr in der Lage, konsequent zu sein

Vor etwa zehn Jahren ist mir das zum ersten Mal im Krankenhausumfeld aufgefallen. Gerade jüngere und nicht etwa ältere Kolleginnen und Kollegen – wie man es aufgrund der Belastungen des Berufes vielleicht erwarten könnte – tendierten in der Pflege zu kurzfristigen Krankmeldungen am Tag des geplanten Schichteinsatzes. Die Stationsleitung hatte keine Chance: Man konnte in solch einem Fall nur versuchen, jemanden kurzfristig aus dem Springer-Pool zu bekommen oder versuchen, doch noch auf die plötzlich Erkrankten einzuwirken.

In früheren Jahrzehnten hätten Mitarbeitende sich schlecht gefühlt, ihre Kolleginnen oder Kollegen die eigene Arbeit mitmachen zu lassen. Wenn man ausfiel, war man ernsthaft krank oder hatte einen Unfall.

Die Schwelle, ab welcher man sich ohne schlechtes Gewissen krankmeldet, ist im Laufe der letzten Jahrzehnte in der Pflege ganz allgemein deutlich gesunken. Ich habe Situationen erlebt, in denen über Jahre hinweg 25 Prozent (!) der Mitarbeiterinnen und Mitarbeiter krank waren. Selbst leichte organische oder psychische Verstimmungen führten dort zu Krankmeldungen.

Da die Führungskräfte inzwischen aber keine Alternativen mehr haben, werden selbst solche unkollegialen, illoyalen und nur sich selbst optimierenden Mitarbeitenden durchgeschleppt.

Und auch der früher in solchen Fällen zu starker Eigenoptimierung auftauchende Gruppendruck funktioniert heute oft nicht mehr: Obwohl es alle wissen, dass es etwas Ernsthaftes nicht gewesen sein konnte, maximal eine Unpässlichkeit, äußern Kolleginnen und Kollegen formal und vordergründig starke Freude und nette Worte, dass derjenige nach zwei Tagen wieder an Bord ist. Im Gegenteil: Man ist froh, dass sie überhaupt irgendwann wiederkommen und überhäuft die sich im Kern gegenüber dem Team übel verhaltenden Mitarbeitenden auch noch mit Danksagungen und verbalen Liebkosungen. So werden Systeme pervertiert, sie erinnern sich an den kleinen Schläger in Toronto.

Die Themen im Untergrund, die permanente Frustration und die resultierende Überforderung durch die hohen Krankenstände werden zwar substanziell häufig nicht gelöst, bearbeiten Menschen aus meiner Branche dann aber gerne in entsprechenden Workshops.

9.19 Die eigene Neugier, den eigenen Mut und Drive behalten

Eigentlich ist es eine wichtige Aufgabe junger Generationen, Neues auszuprobieren. Ein Manager im Konzern: »Früher hatten die älteren Mitarbeitenden keinen Bock darauf, ein paar Jahre ins Ausland zu gehen. Heute haben auch jüngere keine Lust dazu.«

Machen Sie diese Tendenz zur inneren Erschlaffung nicht mit. Bleiben Sie jung. Und offen. Nehmen Sie den Zeitgeist für sich und Ihre eigene Entwicklung mit. Nur weil Dinge in der Vergangenheit gut funktioniert haben, heißt das nicht, dass sie auch in Zukunft gut funktionieren. Das Suchen neuer Wege ist für alle Organisationen heute und morgen ein zentrales Thema.

Denken Sie zum Beispiel an die Einführung der agilen Methoden wie zum Beispiel Scrum oder auch selbststeuernde Arbeitsgruppen. Dazu brauchen Sie auch bei sich die innere Bereitschaft, sich von den lieb gewonnenen und vielleicht manchmal auch etwas bequem gewordenen Erfolgsmodellen der Vergangenheit zu verabschieden.

Wir brauchen die jungen Menschen mit ihrem unverstellten Blick und dem Willen, neue Wege zu suchen. Vielleicht ermöglichen sie uns einen Perspektivenwechsel.

9.20 Sich selbst treu bleiben

Ein sicherer Erfolgsfaktor für die Führung von Menschen junger Generationen ist es, sich selbst treu zu bleiben.

Bleiben Sie klar und berechenbar. Stehen Sie für etwas, lassen Sie sich nicht zu einem Verwalter degradieren.

Biedern Sie sich nicht an.

Leben Sie ihre Überzeugungen vor.

Schauen Sie nach vorne, nicht dauernd zurück.

Junge Menschen suchen nach Identifikationsfiguren.

So ziehen Sie dann manchmal entsprechende Menschen nach.

10.
Schlusswort

10.1 Die gravierenden gesellschaftlichen Veränderungen haben gerade erst begonnen

Eine besorgte junge Mutter erscheint Sonntag nachmittags mit ihrem acht-jährigen Sohn in der Notaufnahme des Krankenhauses einer mittelgroßen deutschen Großstadt. Ihr Sohn habe Rückenschmerzen.

Bei Achtjährigen im Wachstum sind solche Schmerzen – ohne Einwirkung von außen und solange sie sich nicht über Wochen ziehen – völlig normal und kein Grund, einen Arzt, geschweige denn ein Krankenhaus, aufzu-suchen.

Ihr Wunsch an den Oberarzt (der durch solchen Unfug von der Behandlung wirklich bedürftiger Patienten abgehalten wird): »Bestätigen Sie mir bit-te, dass das Kind morgen am Sportunterricht teilnehmen kann, damit ich nicht von der Schule angerufen werde, um das Kind abzuholen.«

Spätestens hier bekommt ein im damaligen Gesundheitssystem noch halb-wegs vernünftig sozialisierter Oberarzt aus der Babyboomer-Generation mit klarem Wertesystem Schnappatmung. Aber – wirklich wehren kann er sich in seinem heutigen System nicht mehr.

Schickt er die Frau mit ihrem unsinnigen Ansinnen nach Hause, riskiert er eine Beschwerde an die Führung des Krankenhauses mit möglicher Eskala-tion an den Träger des Hauses, in diesem Fall den Oberbürgermeister, da es sich um ein kommunales Haus handelt.

Viel Papierkram, Begründungen, Rechtfertigungen. Nur Ärger.
Keiner mehr, der dem Arzt in dem System den Rücken stärkt.
Keiner, der sagt: »Die Mutter verlangt Unsinniges, schicken Sie sie samt Kind nach Hause.«

10.2 Die Zukunft der Arbeit in manchen Branchen wird nicht allen Menschen gleich gut gefallen

»Ab Oktober arbeite ich umsonst. Ich verdiene da kein Geld mehr mit. Ich halte die Praxis nur auf, damit die Patienten nicht zu einem anderen Arzt gehen.«

Zahnarzt im planwirtschaftlichen bundesdeutschen Abrechnungssystem 2018

Einer meiner Nachbarn ist Dachdecker und betreibt seit über zwanzig Jahren einen Dachdeckerbetrieb. In den letzten Jahren allerdings mit immer weniger Freude.

Nicht nur schlecht oder nicht zahlende Kunden vergraulen ihm seinen Beruf, sondern auch andauernd kranke Mitarbeitende. »Ich träume davon, den Laden nur mit den zwei bis drei guten Alt-Gesellen zu machen, dann hätten wir gute Tage, würden gut verdienen und ich hätte viel weniger Ärger.«

Bei einer mittelständischen Wirtschaftsprüfungsgesellschaft: Die jungen Wirtschaftsprüfer trauen sich nicht, gegenüber den älteren Partnern offen zu sagen, dass sie nicht so viel arbeiten wollen, wie die Altvorderen.

Die Seniorpartner ahnen das zwar, wollen aber in einigen Jahren aussteigen und hoffen darauf, dass die jungen Partner das Geschäft übernehmen und ihnen die Anteile für teures Geld abkaufen.

Sie hoffen, dass das Business-Modell – in das sie sich selbst teuer einkaufen mussten – trägt. Allerdings setzt dieses voraus, dass die nachrückenden Partner richtig reinhauen. Tun die das nicht, trägt das ganze Modell eben schnell nicht mehr.

Dieselben Themen gibt es bei allen Handwerkern, Softwareentwicklern, Beratern, Ärzten, Steuerberatern, Ingenieuren, Anwälten et cetera.

Wir werden in all diesen Branchen jede Menge Unternehmen sehen, die im Kern aus wenigen festangestellten Mitarbeitenden bestehen. Sie bilden sich um ein paar akquise- und kundenfähige Senioren und generieren Auslastung für qualifizierte Projekt(be- und ab-)arbeiter. Die werden allerdings nicht mehr fest angestellt, sondern nur noch projektbezogen eingesetzt.

Die guten, beim Kunden gut einsatzfähigen Profile verdienen deutlich mehr als in der Festanstellung. Viele Menschen mit mittlerem Qualifikationsprofil verdienen jedoch unter dem Strich weniger, weil sie eben nur temporär eingesetzt werden. Wovon sie den Rest der Zeit leben: ihr Problem.

Der riesige Vorteil für Organisationen: derselbe wie beim Outsourcing. Nicht, dass es billiger wird. Im Gegenteil. Aber man gewinnt etwas sehr Werthaftes zurück: Man bekommt wieder einen Steuerungshebel in die Hand.

Management und Steuerung werden möglicherweise in der Folge wieder aufgabenorientierter und effizienter. Es verliert aber dadurch sicher auch an Menschenorientierung, denn man muss nicht mehr so personenorientiert führen und steuern. Die Organisation braucht den Ausbildungs-, Qualifikations-, Kompetenzentwicklungs- und Feedbackaufwand dann nicht mehr in diesem Maße.

Ich frag den A, ob er Lust hat, das Projekt zu machen und wenn nicht, frag ich einfach den B.

Einarbeitung: eigenes Problem, gerne abends.
Qualifikation auf der Höhe der Zeit: eigene Aufgabe, gerne abends, nachts oder am Wochenende.
Gute Leistung: möglicherweise ein nächstes Engagement.
Schlechte Leistung: sicher kein weiteres Engagement.

10.3 Die Wertewelten vorheriger Generationen sind nicht in Stein gemeißelt

»Wen die Götter vernichten wollen, dem schicken sie dreißig Jahre Erfolg.«

Aus dem Griechischen

Die einen schaffen es

Die Unternehmen der Zukunft sollen den angestellten Berufstätigen von morgen eine Erfüllung gegensätzlichster Bedürfnisse ermöglichen. Sicherer Job, geregelte Arbeitszeit, gerne 9-to-5 bei guter Bezahlung. Viele Unternehmen werden sich diesen Anforderungen stellen und das ist auch gut und richtig so. Eine ganze Anzahl von Organisationen wird das wahrscheinlich auch gut hinbekommen.

Für Menschen, die bevorzugt sinnhaft arbeiten wollen, kommt jetzt allerdings möglicherweise eine schlechte Nachricht: Häufig werden es die großen Organisationen sein, die am Ende der Fresskette sind. Die im Wesentlichen von den Effizienzsteigerungsbemühungen und -erfolgen ihrer Zulieferer oder der Flexibilität, Effizienz oder dem Fleiß und den Skalierungserfolgen ihrer Lieferanten leben.

Oder öffentliche Organisationen wie die Polizei oder die Bahn, die GEZ, Ihr Radiosender, die Stadtwerke oder das Finanzamt. Also die Organisationen, die für ihr eigenes Überleben nicht kämpfen müssen, sondern einfach in riesigen Umverteilungssystemen ziemlich entspannt (über-)leben.

Dort können Sie als angestellter Arbeitnehmer oder angestellte Arbeitnehmerin leider mit einer überdurchschnittlich große Anzahl recht sinnfreier Jobs rechnen. Das Buch von David Graebner *Bullshit Jobs* berichtet eindrucksvoll.

Die anderen leben ohne Controlling

Es ist aber auch schnell einzusehen, dass eine ganze Anzahl von Organisationen das nicht bringen können wird. Sie werfen einfach nicht genug ab.

Schon vor fünfunddreißig Jahren war der Bauernhof der Eltern meines Freundes am Ende. Vierzig Milchkühe erbrachten damals gerade noch circa 7.000 DM im Monat. Brutto. Nicht genug für eine sechsköpfige Familie und benötigte Investitionen und Aushilfen.

Der Hof wurde dicht gemacht, die gut verkäuflichen Ländereien verkauft oder zu Bauland gemacht. Für eine nächste Generation reicht es dann noch. Aber eben auch nicht für mehr. Das Unternehmen war am Ende. Nach über 200 Jahren.

In Deutschland gibt es Tausende von Unternehmen, Handwerksbetrieben, Bauernhöfen, Gaststätten und Hotels, die eigentlich schon seit Jahrzehnten mehr oder weniger ein wirtschaftlicher Totalschaden sind. Würden die Inhaber nach Controlling-Manier rechnen.

Ich freue mich immer, wenn ich auf dem Lande noch eine funktionierende Bäckerei finde, die jemand immer noch betreibt, ohne sich zu fragen, ob sich das denn auch wirklich lohnt. Natürlich würde eine Aufback-Stube einer der großen Ketten wahrscheinlich mehr abwerfen und man müsste nicht so früh aufstehen und vor allem weniger Bäcker beschäftigen.

Ich bin froh, wenn ich eine Gaststätte oder ein Hotel finde, bei dem die Kinder in den elterlichen Betrieb einsteigen. Wohl wissend, wie viel Arbeit und Mühe das ist. Sie haben es ja am elterlichen Abendbrottisch von frühester Kindheit an mitbekommen.

Die Familien-Unternehmen sind ihre berufliche Heimat. Und oft sind sie dabei wichtiger Arbeitgeber für eine ganze Menge weiterer Familien im Umfeld. Und die fragen sich – Gott sei Dank – nicht immer, ob die kalkulatorischen Lohnkosten auch wirklich über dem Mindestlohn liegen. Denn dann hätten wir schon lange keine Gaststätten und Hotels in zwar landschaftlich reizvollen, aber strukturschwachen Gegenden mehr und noch weniger Bauernhöfe und noch mehr strukturschwache Regionen.

Die gute Nachricht: Der Anteil sinnstiftender, notwendiger und erfüllender Tätigkeitsanteile ist in solchen Unternehmen üblicherweise riesig. Schlechte Bezahlung, aber viel Sinn.

Es wird noch weitere Wege geben
Und eine ganze Anzahl von Organisationen wird auch noch ganz andere Lösungen finden: Nicht nur McDonald's, die vor kurzem den ersten Store eröffnet haben, der auch in der Küche fast ohne Mitarbeitende auskommt. Die Digitalisierung macht es möglich – Burger aus der Automatik-Küche. Fast ohne oder nur mit ganz wenigen spezialisierten Menschen.

Ein Unternehmer mit einem grafischen Betrieb: »Früher haben wir die Prospekte für unseren Kunden aus dem Lebensmittel-Einzelhandel komplett in Deutschland gemacht. Dann gingen die ersten Aufträge nach Thailand und Vietnam. Während unsere Mitarbeitenden hier 40 bis 50 Euro pro Stunden kosten, egal, ob wir etwas zu tun haben oder nicht, werden die dort von ihren Arbeitgebern einfach nach Hause geschickt, wenn nichts zu tun ist. Früher haben Menschen, die einen Linotype-Hell-Scanner gut bedienen konnten, bis zu 10.000 DM im Monat verdient. Inzwischen wurden die Bearbeitungsschritte und -filter in die aktuellen Adobe-Programme integriert. Heute verdienen sie hier vielleicht noch 2.000 Euro im Monat. Morgen werden sie durch die fleißigen und angelernten Menschen auf der ganzen Welt ersetzt.« Morgen ist nächste Woche. »Die erzählen dir nicht, dass sie am Brückentag keine Lust haben. Die meckern nicht. Wenn du über Nacht dreißig Leute brauchst, besorgt dir der Unternehmer vor Ort die dreißig Leute. Also wird die Titelseite des Mode- oder Einzelhändlerkatalogs eben in Thailand und nicht in Bonn bearbeitet.«

Ich habe vor kurzem von einem kleinen Mittelständler gelesen, der sich einen frei programmierbaren Roboter für ganze 15.000 Euro in seine Halle gestellt hat. Freudestrahlend berichtete er in dem Magazin, dass dieser drei Mitarbeitende ersetzen wird. Die Mitarbeitenden strahlen über die schnelle Amortisation wahrscheinlich nicht so. Oder Unternehmen arbeiten einfach mit Menschen, denen es noch nicht ganz so gut geht.

In ganz Juist kommt man mit einer Sprache im Sommer 2018 sehr weit: Polnisch. Ob in der Eisdiele, beim Fahrradverleiher oder beim Fischbröt-chenverkauf. Keine deutschen Servicekräfte mehr. Die haben keinen Bock mehr. Zu viel Arbeit – zu anstrengend – zu wenig Lohn. Und warum auch. Es gibt ja Alternativen.

Ein Teil der Spitzen-Unternehmen in unserem Land ist eben nur so erfolg-reich, weil sie nur noch die kompatiblen Teile ihrer Organisation in unseren Wohlstandsgesellschaften betreiben.

Der größte Teil der Wertschöpfung und der Schuhe von Adidas kommt seit langem aus Südostasien.

Und manche sterben
Und eine ganze Anzahl der Organisationen wird es eben auch nicht schaf-fen. Wenn Organisationen älter werden, halten sie oft an bestimmten Prin-zipien und Prämissen fest, die sie im Laufe ihrer eigenen Entwicklung als vernünftig und sinnvoll erkannt haben.

Viele Unternehmen sind heute aber zu groß, zu träge, zu langsam und zu schwerfällig, um wirklich ihre über Jahrzehnte gefestigten Grundprin-zipien in Frage zu stellen. Sie sehen, wie schwer sich zum Beispiel die Automobilunternehmen tun, um in der immer komplexer werdenden Welt zwischen den Anforderungen der Kunden, der Umwelt, der Gesetzgebung und den Interessen der Shareholder ohne Betrug irgendwie noch zurecht-zukommen.

11.
Abschließende Empfehlung –
Always look on the bright side

»Todays problems were yesterdays solutions.«

Eine der Regeln der lernenden Organisation, Peter Senge

Versuchen Sie, nicht zu den älteren Führungskräften zu gehören, die sich dauernd über jüngere Menschen beschweren. Versuchen Sie, eine positive Einstellung zu bekommen und zu behalten.

Neue Anforderungen und Bedürfnisse an den Arbeitsalltag – vor allem das Streben nach Freiheit und Individualität – führen natürlich zu Widerständen gegen konservative Organisationstrukturen und tayloristische Leistungs- und Führungsansichten.

»Homeoffice? Interessiert mich nicht. Ich will lieber pünktlich Feierabend haben!«
»Ich will mir von niemandem vorschreiben lassen müssen, wie ich meinen Job zu erledigen habe!«
»Kohle, Karre, Karriere? Motiviert mich nicht.«
»In anderen Unternehmen werden die Führungskräfte gewählt. Warum nicht auch bei uns?«
»Mir sind die Politik-Spielchen und starren Hierarchien hier zuwider!«

Die traditionelle Arbeitseinstellung wird einer Orientierung an stärkerer Work-Life-Balance weichen. Starre Arbeitsstrukturen werden einer weitgehenden Arbeitszeitsouveränität weichen. Erwarten Sie wenig Verständnis für deutliche Kritik an Leistung, Einsatzbereitschaft und Performance. Rechnen Sie allerdings Ihrerseits ruhig damit, durchaus hart kritisiert zu werden.

Die klassische Rollenverteilung zwischen Management, Führungskräften und Mitarbeitenden werden sich stark verändern, das gestern in Organisationen noch stark ausgeprägte Hierarchiedenken wird einer stärker gelebten Kollegialität weichen, sonst machen die Menschen aus jüngeren Generationen nicht lange mit.

Neu auftauchende Wertewelten wollen fast immer anderen Parametern genügen, als vorher gültige und versuchen, die als negativ empfundenen Auswirkungen und Schieflagen zu korrigieren. Das kann vernünftig sein, muss es aber genau so wenig wie die Wertewelten, die zu der aktuellen Lage geführt haben.

Helfen Sie anderen Führungskräften, bei denen sie merken, dass diese den Anforderungen junger Menschen nicht mehr gerecht werden und sich in Unverständnis zurückziehen. Sie können ihnen mit Ihren Erfahrungen und Ihrem Wissen helfen, eine veränderte Sicht zu bekommen und wieder einen Anschluss an das berufliche Morgen zu finden.

»Noch ist nicht aller Tage Abend.«

Martin Luther, römisch-katholischer Theologe, Kirchenpolitiker und Reformator

Literaturverzeichnis und Quellennachweis

Kapitel 2: Einflussfaktor Erziehung und Elternhaus

Arp, Doris (2018): Eine Gesellschaft ohne Generationenkonflikt? (TV), Beitrag aus der Reihe »Aus Kultur- und Sozialwissenschaften«, DLF, 16. August 2018, 20:45 Uhr.

Bartens, Werner (2018): Mama bleibt die Beste. Online unter: https://www.sueddeutsche.de/wissen/familie-mama-bleibt-die-beste-1.4086182. Zugriff am 24. Januar 2019.

Collins, Phil (2018): Idee für neuen Schlagzeuger – Collins denkt über Genesis-Comeback nach. Online unter: https://www.n-tv.de/leute/Collins-denkt-ueber-Genesis-Comeback-nach-article20575693.html. Zugriff am 24. Januar 2019.

Die freie Welt (2017): Der katholischen Kirche droht das Schisma – Kardinal Müller warnt: Papst Franziskus will katholische Kirche umkrempeln. Online unter: https://www.freiewelt.net/nachricht/kardinal-mueller-warnt-papst-franziskus-will-katholische-kirche-umkrempeln-10072921. Zugriff am: 24. Januar 2019.

Draper, Robert (2015): Papst Franziskus – Revolution im Vatikan, online unter: https://www.nationalgeographic.de/geschichte-und-kultur/papst-franziskus-revolution-im-vatikan, Zugriff am: 24. Januar 2019.

Ecarius, Jutta et al. (2017): Spätmoderne Jugend – Erziehung des Beratens – Wohlbefinden. Springer Verlag, Heidelberg.

Freud, Sigmund (1994): Das Unbehagen in der Kultur und andere kulturtheoretische Schriften. Mit einer Einleitung von Alfred Lorenzer und Bernard Görlich. Fischer-Taschenbuch Verlag, Berlin.

Greffrath, Mathias (2014) über das Buch von Sven Reichardt: Politik in der ersten Person. Online unter: https://www.zeit.de/2014/27/sven-reichardt-authentizitaet-gesellschaft, Zeit Online. 26. Juni 2014, 8:00 Uhr, editiert am 10. Juli 2014, 3:00 Uhr. Zugriff am: 24. Januar 2019.

Gruber, Georg (2018): Die Sehnsucht nach ewiger Jugend. Warum erwachsen werden? (TV), Beitrag aus der Reihe »Zeitfragen«, DLF, 12. Juli 2018.

Jiménez, Fanny (2015): Warum der IQ der Menschen steigt und steigt. Online unter: https://www.welt.de/gesundheit/psychologie/article142696789/Warum-der-IQ-der-Menschen-steigt-und-steigt.html. Zugriff am: 24. Januar 2019.

Klär, Romana (2018): Die Verweigerer-Kids. Online unter: https://www.welt-der-frauen.at/die-verweigerer-kids. Zugriff am: 24. Januar 2019.

Mayr, Christian (2018): Reisekolumne »Mitten in …«. Diese süße Zumutung. Online unter: https://www.sueddeutsche.de/reise/reisekolumne-mitten-in-diese-suesse-zumutung-1.4017228. Zugriff am: 24. Januar 2019.

Perry, Nicole (2018): Über die Auswirkungen von Helicoptereltern: http://www.apa.org/news/press/releases/2018/06/helicopter-parenting.aspx. Zugriff am 24. Januar 2019.

Reichardt, Sven (2014): Authentizität und Gemeinschaft: Linksalternatives Leben in den siebziger und frühen achtziger Jahren. Suhrkamp Taschenbuch Wissenschaft, Berlin.

Salge, Holger (2017): Analytische Psychotherapie zwischen 18 und 25: Besonderheiten in der Behandlung von Spätadoleszenten (Reihe: Psychotherapie: Praxis). 2. vollständig überarbeitete Auflage, Springer Verlag, Heidelberg.

Shell Deutschland (2015): Jugend 2015 – 17. Shell Jugendstudie. Fischer Taschenbuch, Berlin.

Kapitel 3: Einflussfaktor Umwelt

Berliner Morgenpost Online (2018): Berliner Grundschüler können nicht schreiben und lesen. Online unter: https://www.morgenpost.de/berlin/article213407655/Bericht-Berliner-Grundschueler-koennen-nicht-schreiben.html. Zugriff am 24. Januar 2019.

Häntzschel, Jörg (2018): Die Verschwörung hinter der Verschwörung. Online unter: https://www.sueddeutsche.de/kultur/qanon-verschwoerung-1.4085781. Zugriff am 24. Januar 2019.

Kuhl, T.; Röhr-Sendlmeier, U. M. (2018): Der Verlauf des Rechtschreib-Lernens – drei Didaktiken und ihre Auswirkungen auf Orthographie und Motivation in der Grundschule. Vortrag und Posterpräsentation auf dem 4. Dortmunder Symposium der Empirischen Bildungsforschung (TU Dortmund), 4. bis 5. Juli 2018.

Martenstein, Harald (2011): »Die Kinder hören einen Satz und schreiben: Die Schulä fenkt an.« Harald Martenstein über das Erlernen der Rechtschreibung nach Gehör. Online unter: http://www.zeit.de/2011/48/Martenstein. Zugriff am 24. Januar 2019.

Spiegel Online (2018): Kinder lernen Rechtschreibung am besten mit der Fibel. Online unter: http://www.spiegel.de/lebenundlernen/schule/rechtschreibung-kinder-lernen-rechtschreibung-am-besten-mit-der-fibel-a-1228351.html. Zugriff am 24. Januar 2019.

Süddeutsche Zeitung Online (2018): Merkwürdige Ideen für Deutschlands gefährlichste Autobahn. Online unter: https://www.sueddeutsche.de/panorama/verkehrssicherheit-merkwuerdige-ideen-fuer-deutschlands-gefaehrlichste-autobahn-1.4086108. Zugriff am 24. Januar 2019.

Kapitel 4: Einflussfaktor Schule und Hochschule

BARMER (2018): Arzt-Report der Barmer Ersatzkasse 2018. Online unter: https://www.barmer.de/presse/infothek/studien-und-reports/arztreporte/barmer-arztreport-2018-144304. Zugriff am 24. Januar 2019.

Das Erste (2018): Lehrermangel dramatisch wie seit dreißig Jahren nicht (TV). Das Erste Morgenmagazin vom 21. August 2018.

Egeri, Michael (2009): Vielen Studenten ist das Tempo zu schnell. Online unter: https://www.zeit.de/studium/hochschule/2009-11/interview-unipsychologe. Zugriff am: 24. Januar 2019.

Fokken, Silke (2016): Bekommen Schüler wirklich immer bessere Noten? Online unter: http://www.spiegel.de/lebenundlernen/schule/abi-noten-im-vergleich-gibt-es-eine-inflation-guter-zensuren-a-1125528.html. Zugriff am: 24. Januar 2019.

Knieps, Stephan (2009) über das Thema Stress an der Uni: Vielen Studenten ist das Tempo zu schnell. Online unter: https://www.zeit.de/studium/hochschule/2009-11/interview-unipsychologe. Zugriff am: 24. Januar 2019.

Leonard, Julia A.; Schulz; Yuna Lee; Laura E. (2017): Zeigt euren Kindern dass ihr schwitzt. Studie in der Zeitschrift Science, (Infants make more attempts to achieve a goal when they see adults persist). Online unter: http://science.sciencemag.org/content/357/6357/1290. Zugriff am: 24. Januar 2019.

Liessmann, Konrad Paul (2017): Bildung als Provokation. Hanser Literaturverlage, München.

Marx, Uwe (2017): Wildwuchs: 19.000 Studiengänge: Muss das sein? Online unter: http://www.faz.net/aktuell/beruf-chance/campus/wildwuchs-der-studiengaenge-mu-essen-19-000-sein-15265123.html. Zugriff am: 24. Januar 2019.

Passauer Neue Presse (2018): Meidinger: Schlimmster Lehrermangel seit drei Jahrzehnten. Online unter: https://www.pnp.de/nachrichten/politik/3045899_Meidinger-Schlimmster-Lehrermangel-seit-drei-Jahrzehnten.html. Zugriff am: 24. Januar 2019.

Precht, Richard David (2018): Warum wir immer selbst denken sollten. Online unter: https://www.handelsblatt.com/meinung/gastbeitraege/kolumne-von-richard-david-precht-warum-wir-immer-selbst-denken-sollten/20947986.html. Zugriff am: 24. Januar 2019.

Stalinski, Sandra (2018): Zwei Wochen Crashkurs – und dann Lehrer. Online unter: https://www.tagesschau.de/inland/quereinsteiger-101.html. Zugriff am: 24. Januar 2019.

Wikipedia (2018): Unter den Talaren – Muff von 1000 Jahren. Online unter: https://de.wikipedia.org/wiki/Unter_den_Talaren_%E2%80%93_Muff_von_1000_Jahren. Zugriff am: 24. Januar 2019.

Vitzthum, Thomas (2016) im Gespräch mit Bernhard Kampen, Präsident des deutschen Hochschulverbandes: In ganz vielen Fächern gibt es nur noch Bestnoten. Online unter: https://www.welt.de/politik/deutschland/article155182159/In-ganz-vielen-Faechern-gibt-es-nur-noch-Bestnoten.html. Zugriff am: 24. Januar 2019.

Zeit Online (2018): Artikel unter Bezugnahme auf den offenen Brandbrief der Bildungspolitiker Lange (CDU), Voges (SPD) und Jungkamp an das Magazin *Die Zeit*: Wir sehen die Defizite des Föderalismus. Online unter: https://www.zeit.de/2018/03/ kultusministerkonferenz-bildung-foederalismus-burkhard-jungkamp-josef-lange-michael-voges. Zugriff am: 24. Januar 2019.

Kapitel 5: Was machen diese Einflussfaktoren mit jungen Menschen?

McDonald's Deutschland LLC (2017): Ausbildungsstudie 2017 – Job von morgen! Schule von gestern. Ein Fehler im System? Online unter: https://karriere.mcdonalds. de/docroot/jobboerse-mcd-career-blossom/assets/documents/McD_Ausbildungsstudie_2017.pdf. Zugriff am: 24. Januar 2019.

Schwinn, Michaela (2018): Zur Demo statt zur SPD. Online unter: https://www. sueddeutsche.de/politik/jusos-zur-demo-statt-zur-spd-1.3835584. Zugriff am: 24. Januar 2019.

Kapitel 6: Wie sind denn diese Generationen?

nextpractice GmbH (2016): Studie Wertewelten Arbeiten 4.0. Online unter: www. arbeitenviernull.de/fileadmin/Downloads/Wertestudie_Arbeiten_4.0.pdf. Zugriff am: 24. Januar 2019.

Orizon GmbH (2015): Studie Arbeitsmarkt 2014 – Perspektive der Arbeitnehmer. Online unter: https://www.orizon.de/uploads/tx_ozttnews/Orizon_Diagramme_Arbeitsmarktstudie_2014_gesamt_15122014_01.pdf. Zugriff am: 24. Januar 2019.

Kapitel 7: Was fordern junge Menschen heute von ihrer beruflichen Tätigkeit?

Fischer, Stefan (2018): Junge Spießer. Ronja von Rönnes Bestseller *Wir kommen* als Hörspiel. Süddeutsche Zeitung.

Haaf, Meredith (2014): Heult doch. Über eine Generation und ihre Luxusprobleme. Piper Verlag, München.

von Rönne, Ronja Larissa (2016): Wir kommen. Aufbau-Verlag, Berlin.

Kapitel 8: Was bedeuten diese Veränderungen für Organisationen?

Burfeind, Sophie (2018): Erst das Vergnügen, dann die Arbeit – Die Generation Z wird die Wirtschaft verändern. Nur wie? Online unter: https://www.brandeins.de/ magazine/brand-eins-wirtschaftsmagazin/2018/personal/generation-z-erst-das-vergnuegen-dann-die-arbeit. Zugriff am: 24. Januar 2019.

Kapitel 9: Was bedeuten diese Veränderungen für das Führungsverhalten?

Zeit Online (2018): Thomas Gottschalk hält Jugendaufstand für fällig. Online unter: https://www.zeit.de/news/2018-09/27/thomas-gottschalk-haelt-jugendaufstand-fuer-faellig-180927-99-137265. Zugriff am: 24. Januar 2019.

Kapitel 10: Schlusswort

Graebner, David (2018): Bullshit Jobs. Vom wahren Sinn der Arbeit. Klett-Cotta, Stuttgart.

Kapitel 11: Abschließende Empfehlung

Senge, Peter M. (2017): Die fünfte Disziplin. Die Kunst und Praxis der lernenden Organisation. Schäfer Poeschel Verlag, Stuttgart.

Was mich ärgert, entscheide ich

Philipp Karch
Was mich ärgert, entscheide ich
Konflikte klug bewältigen
1. Auflage 2018

312 Seiten; Broschur; 24,95 Euro
ISBN 978-3-86980-442-2; Art.-Nr.: 1047

Konflikte kosten Zeit, Energie und vor allem Nerven. Doch das muss nicht sein. Denn ab jetzt entscheidest du, was dich ärgert. Warum? Weil nicht jeder Konflikt dein Konflikt ist!

Wie lassen sich Konflikte von Konfliktangeboten unterscheiden?

Wie konzentriert man sich auf die wirklich förderlichen Auseinandersetzungen? Und wie bewältigt man sie im Sinne der eigenen Persönlichkeitsentwicklung?

Antworten darauf liefert Philipp Karchs neues Buch. Es zeigt dir einen eleganten Weg, dich intelligent zu befreien, anstatt dich destruktiv zu ärgern. Du wirst aufkommende Konflikte deeskalieren, ihre Ursachen analysieren, deinen Ärger minimieren, dem Gegenüber deine Grenzen aufzeigen und dich positionieren.

Das Buch öffnet dir die Augen und du kommst dir selbst auf die Schliche – denn es gibt keinen einzigen persönlichen Konflikt, zu dem du nicht selbst beigetragen hast und den du nicht komplett auflösen kannst.

Denk klar

Ingo Radermacher
Denk klar
Klug entscheiden in digitalen Zeiten
1. Auflage 2018

272 Seiten; Broschur; 24,95 Euro
ISBN 978-3-86980-438-5; Art.-Nr.: 1055

Digitalisierung, Disruption, Transformation, Globalisierung, Big Data – unsere Gegenwart wandelt sich schnell und fundamental. Und dieser Wandel ist ubiquitär: Er berührt sämtliche gesellschaftlichen, wirtschaftlichen und persönlichen Bereiche – ausnahmslos.

Scheinbar hilflos sind wir neuen Technologien, Zukunftsunsicherheiten und Manipulationsmaschinen ausgeliefert. Überfordert von der Fülle an Handlungsoptionen sind wir wie paralysiert und vertrauen eher Algorithmen als eigener Erfahrung und gesundem Menschenverstand. Wir überlassen Denken und Entscheiden lieber Anderen, im Zweifel sogar den Maschinen.

Doch wie gewinnen wir Entscheidungs- und Denkhoheit zurück? Woran können wir uns noch orientieren? Wie können wir Fake und Wahrheit unterscheiden? Wie kann uns kluges Entscheiden in allen Lebensbereichen gelingen – heute und in Zukunft?

Ingo Radermacher gibt Antworten. Sein Buch verbindet Zeitdiagnose und Sachinformation. Es zeigt unterhaltsam die Irrwege auf, die wir heute in Sachen »Entscheidung« einschlagen und bietet klare Lösungen an, wie es besser geht!

Seine Prämisse und Quintessenz: Zukunftsfähigkeit, Innovation und Erfolg haben ihren Ursprung im eigenen, klaren Denken.

Agiles Führen

Stefanie Puckett, Rainer M. Neubauer
Agiles Führen
Führungskompetenzen für die agile Transformation
1. Auflage 2018

320 Seiten; Broschur; 29,95 Euro
ISBN 978-3-86980-433-0; Art.-Nr.: 1053

Agiles Führen gilt als das Wundermittel schlechthin. Kaum eine Führungskraft kommt an dem Thema vorbei. Dennoch ist dieses Thema vielerorts nicht mehr als ein Schlagwort. Leider – denn agiles Führen kann sich jede Führungskraft aneignen und anwenden.

Was bedeutet agiles Führen im Kontext der digitalen Transformation? Wie verändert sie die Führungsaufgabe? Wie entwickelt man eigentlich agile Führungskompetenz im Alltag? Und wie wird man zum agilen Change Manager?

Neubauers und Pucketts Buch gibt Antworten auf diese Fragen. Es wirft einen Blick unter die Oberfläche und zeigt, welche Kompetenzen und Persönlichkeitseigenschaften agile Führungskräfte auszeichnen. Dabei hat es beide Seiten im Blick. Denn agile Führung muss authentisch sein und scheitert allzu oft am Widerstand der Mitarbeiter. Pragmatisch zeigt das Buch, wie sich diese Widerstände auflösen lassen und die Transformation der Organisation gelingt.

Auf Basis jahrzehntelanger Arbeit mit Führungskräften und eines wissenschaftlich untermauerten verhaltensorientierten Kompetenzmodells ist dieses Buch entstanden. Es lenkt den Blick darauf, wie wir mit agiler Führung unsere vorhandenen Stärken, Kompetenzen und Erfahrungen zukunftsfähig machen.

Montags muss ich immer kotzen

Anja Niekerken
Montags muss ich immer kotzen
Erste Hilfe gegen Arbeitsübelkeit
1. Auflage 2018

222 Seiten; Broschur; 19,95 Euro
ISBN 978-3-86980-429-3; Art.-Nr.: 1049

Ständige Erreichbarkeit, Leistungsdruck, immer weniger Zeit und Einheitsbrei lassen uns die Lust an der Arbeit verlieren. Zähneknirschend begraben wir den Glauben an kreative Entfaltung, unsere Selbstwirksamkeit oder gar Ideelles. Denn »Raus aus dem Hamsterrad« oder »Du musst gar nichts«, wie fröhlich propagiert wird, ist leichter gesagt als getan, nicht für jeden die Lösung und für viele klingt es sogar zynisch.

Was ist, wenn der Job schlicht und ergreifend dem Lebensunterhalt dient? Wir uns nicht einfach umorientieren können? Was können wir tun, wenn der Traumjob zum Albtraum geworden ist

Mit »Montags muss ich immer kotzen« liefert Anja Niekerken praktische Hilfe zur Selbsthilfe gegen Arbeitsübelkeit und ihre Folgen. Klar, alltagstauglich und mit beiden Beinen im Machbaren zeigt sie, wie wir unsere Arbeit neu denken können, was unsere Arbeit ausmacht und welche guten Seiten selbst der blödeste Job bietet, ohne dabei die positiven Effekte eines erfüllten Feierabends zu vernachlässigen.

Die Autonomie-Lüge

Markus Czeslik
Die Autonomie-Lüge
Warum wir gerade in agilen Zeiten
konsequente Führung brauchen
240 Seiten; Broschur; 29,95 Euro
ISBN 978-3-86980-418-7; Art-Nr.: 1043

Dem Menschen eine sinnvolle Aufgabe geben, an der er wachsen kann, und Selbstverwirklichung ermöglichen, das wird von Führung allgemein erwartet. Eine Sichtweise, die wir in vielen Lebensbereichen wiederfinden. In modernen Unternehmen dreht sich das Rad noch weiter in Richtung Autonomie: Der Mitarbeiter agiert selbstständig und eigenverantwortlich. Er braucht bestenfalls Impulse, aber kaum noch Führung – so die Utopie.

Doch der agile Ansatz überfordert viele Führungskräfte und Mitarbeiter gleichermaßen. Die neuen Rollen wollen noch nicht passen, es knirscht im System.

Warum eine konsequente Führung mit Profil nicht im Widerspruch zu Eigenverantwortung und Selbstbestimmtheit steht, zeigt Czesliks Buch. Kritisch hinterfragt es die gängige Führungsauffassung. Denn das Verschanzen hinter Tools, Tasks und KPIs führt zu einer Entfremdung zwischen Mensch und unternehmerischer Mission.

Deshalb brauchen wir mehr statt weniger Führung. Aber eine, die sich ihrer selbst bewusst und klar zu (be-)greifen ist, die über Sinnvermittlung Energien freisetzt und sich vom Team beraten lässt. Kurz: eine Führung, die Achtsamkeit und Agilität optimal zu verknüpfen weiß.

Klug zweifeln

Heinz Jiranek
Klug zweifeln
Weil der zweite Gedanke oft der bessere ist.
Erkennen was dahintersteckt
2. Auflage 2018

342 Seiten; 2017; 24,95 Euro
ISBN 978-3-86980-390-6; Art-Nr.: 1025

Es klingt gut, durchdacht, schlüssig. Und doch führen nicht wenige Entscheidungen privat, wirtschaftlich oder politisch in Katastrophen. Denn die vermeintlich guten Lösungen von heute schaffen die Probleme von morgen.

Wir haben es einfach nicht im Griff. Aber das hindert uns nicht an ungebrochenem und arrogantem Interventionismus. Wir greifen allerorts ein und erfinden Modelle: Lebensmodelle, Wirtschaftsmodelle, Führungsmodelle, Rezepte jeder Art. Doch wo führt das alles hin? Warum sind wir so anfällig für die einfachen Lösungen? Hat unser Scheitern System?

Heinz Jiraneks neues Buch liefert Antworten auf diese Fragen. Es lädt Sie zu einer spannenden Reise durch eine kritische Weltbetrachtung ein, vermittelt in packender Weise die praktischen Folgen der Systemtheorie und rüttelt an unserem Glauben, alles in der Hand zu haben.

Doch was können wir tun? Die Lösung ist ganz einfach und schwierig zugleich: Keinen simplifizierenden Kausalannahmen auf den Leim gehen. Begreifen, was alles nicht geht. Vorhandenes Wissen nutzen. Denken. Selbst denken.

Wenn du Gott zum Lachen bringen willst, dann erzähl' ihm von deinen Plänen.